改写
人力资源
管理

组织发展的七项全能

白睿 著

REWRITING
HUMAN RESOURCE
MANAGEMENT

7 Skills for
Organization Development

中国法制出版社
CHINA LEGAL PUBLISHING HOUSE

组织管理就是构建一个好系统，让人的长处得以发挥，短处得以被包容。

组织管理是人类比较古老的活动，在部落社会中就有一些原始的思想。当今社会，组织发展也逐渐成为研究组织行为的主流学科。有幸的是，我在国外游学多年，归国后又从事企业管理咨询工作，能够从国外与国内两个视角广泛地接触并审视多家企业，外资、民营、国有还有事业组织，主要围绕着组织与人力资源管理体系建设项目进行优化与变革。之后我逐渐减少在咨询项目上的时间，更多地聚焦于组织与人力资源管理培训和研究工作。后来又在一家上市集团公司做组织发展工作。这样的经历，让我深刻地感受到组织发展在人力资源管理上，甚至在企业经营上的重要性。

国内外无数的学者和实践者为我们带来了诸多启示。库尔特·勒温创建了场论：人的行为会被人对环境的心理感受所影响，其后来提出的群体动力学，就是以场论为基础。克里斯·阿吉里斯提出了兼具学术严谨性和实践指导性的诸多理论，理查德·哈克曼进行了大量实证研究并有诸多发现，奥托·夏莫等更新一代的实践者给我们以全新的视角来审视世界，通过 U 型理论，让我们获取组织最深层的源泉。始于 1947 年的 NTL（National Training Laboratories）组织，被 OD（Organization Development，组织发展）从业者称为"圣地"，而 OD 发展的第一波热潮，是从 NTL 开始的。在 20 世纪 50 年代，NTL 的专家们更多地醉心于学习实验和工具开发：乔哈里视窗、管理方格、学习金字塔、未来探索、反思、反馈工具都是 NTL 的实践产物。有人发现了其中的商业价值，纷纷开始创办咨询公司，将 NTL 多年积累的方法和工具运用到企业的实际场景中去。于是，不仅 OD 成为新兴职业，管理咨询也从这个时候开始蓬勃发展。

国内的 OD 也在一夜之间兴起。从 2016 年开始，OD 相关的岗位需求开始大幅增加，行业里讨论组织设计、组织变革的声音也多了起来。在两年多的时间里，OD 的理论和实践发展日新月异。今天，依然有很大一部分 OD 以组织结构、人才盘点、干部管理、领导力发展等为主要工作，本质上还是在既有的 HR 组织架构下，把不知道归属什么职能的工作统统打包，并给它一个名字叫作组织发展。

从为了指导 OD 岗位的技能与实际工作，之前将自己的七篇文章汇总成了一个组织发展的小册子，叫《改写人力资源管理——组织发展的七项全能》，在网上流传甚广。很多企业甚至打印出来，在企业内部集体学习，这些都是让人非常欣慰的。本书仍沿用七项全能——组织发展的重要技能：组织诊断、组织设计、组织评估、组织授权、组织流程、组织干预和组织激励，将其逐一展开，把OD的技能层面展现出来，让从事OD及未来即将从事OD的人能够运用其中的工具、方法和干预策略，推动组织变革以适应组织内外环境的需要，保持并持续提升组织的有效性和健康程度。

本书在写作过程中，参考了诸多专家、学者以及来自网络无法查证作者的研究成果和案例资料，在此一并致以诚挚的谢意。我将继续致力于组织发展的学习和探索，也欢迎各位志同道合之士与我联系，共同探讨，使中国的组织发展学更丰富、更落地、更国际化。

白睿

01 第一章
霸气 OD 正当红

OD 在 HR 业内已成为滚烫的关键词，在人力资源管理中，OD 也无疑是最难的模块。近年来，OD 的职位薪酬从 30 万元一直涨到了 180 万元，诸多企业和猎头争相夺取市场 OD 人才。

那么，为什么 OD 在这段时间红得发紫?

02 第二章
组织诊断

借助组织诊断和评估，不断地对组织现状进行调查、分析、判断，可以及时发现薄弱环节并解决存在的问题，推动管理水平和应变能力的提高。

那么，企业应该如何全面、清醒地认识自己，准确掌握自身的优势与弱点?

03 第三章
组织设计

相同的人才，在不同的组织架构中展现出的能量也不尽相同。中国现在大多数发展中企业的人力资源问题，多源于组织架构问题。

那么，如何通过前瞻性思考和以从未来看现在的角度进行的组织设计，驱动业务覆盖多元化、不断寻求创新突破？

04 第四章
组织评估

组织发展到特定阶段，就需要与之匹配的组织结构。定期发起组织评估项目，对整个组织做系统性的现状和问题梳理，同时评估组织能力的提升情况，有利于积极应对公司战略转型对组织带来的挑战。

那么，如何根据公司不同阶段的需求，启动个性化的评估项目？

05 第五章

组织授权

在 21 世纪，管理者的职能逐渐由 PDCA 转变为授权、激励、团队建设、员工培育，职能的转变也使管理者的角色转变成教练型领导。

如何帮助领导者摆脱忙碌怪圈、提高工作效能，同时培养和激励下属积极、主动、创造性地工作，并满足其自我成长的需要？

06 第六章

组织流程

在 21 世纪，持续的竞争优势将更多地来自新的流程技术，而不是新的产品技术。发明和完善新流程，已成为首要任务，因为它可以持续提高组织的业务绩效。

企业能否在大生态、大平台中保持高速发展，一定程度上取决于企业有没有一套完善的业务流程管理系统。

07 第七章
组织干预

近年来关于未来组织变革的实践已有了较大的进展，外在的、显性的静态结构，"大平台＋小前端"，以及隐性的、内在的动态结构，"动态网状化""云端制"趋势已经显现，值得进一步关注和研究。

组织模式的变革，不只是商业话题，而与企业、社会和政府紧密相关，具有深远的影响。

08 第八章
组织激励

威廉·詹姆斯教授研究发现，按时计酬的分配制度仅能让员工发挥 20%~30% 的能力，如果受到充分激励，员工的能力可以发挥 80%~90%。这说明管理中是否采取激励措施，对效率的影响相差 60%。

采取匹配组织体制特点的激励模式，激发全员积极参与企业经营管理，可以实现组织和个人的双赢。

REWRITING HUMAN RESOURCE MANAGEMENT

7 SKILLS

F O R

ORGANIZATION

DEVELOPMENT

第一章 霸气 OD 正当红

　　OD 在 HR 业内已成为滚烫的关键词，在人力资源管理中，OD 也无疑是最难的模块。近年来，OD 的职位薪酬从 30 万元一直涨到了180 万元。然而随着企业转型面临的问题更加系统化、复杂化，对此岗位的要求让诸多 HR 望而却步。诸多企业和猎头争相夺取市场 OD 人才，而在中国真正能胜任大型集团公司 OD 总监的不过百人。

　　为什么 OD 在这段时间红得发紫？

第一节 ｜ OD 红得发紫的背后成因

有几项因素促使企业需求旺盛而人才稀缺，这几个因素分别是：职位稀缺、待遇诱人、专业高阶、能力综合、职责多样和背景多元。

一、职位稀缺

科技引领的变革令世人瞩目，几乎每家企业都在谈变革、思变革。世界著名管理大师彼得·德鲁克提出："我们无法左右变革，我们只能走在变革的前面。"企业变革是由于企业经营环境发生了较大的变化，管理者必须不断地变革管理才能保证企业生存和发展，而引领企业内部变革的团队就是 OD 团队，所以企业对 OD 的需求度急剧上涨，尤其是具备一定规模的企业，对高级别 OD 专家的需求更是迫切，因为具有一定规模的企业变革一次，几乎是重建一个公司。

一般企业的 OD 只有一个编制，不像业务人员和操作人员，一个岗位多个编制，会有大量招工。OD 编制有限，因此也在一定程度上带来市场职位的稀缺性。

二、待遇诱人

　　人力资源职业不像技术类职业有较高的薪酬，其平均薪酬是相对较低的。但是，OD 职位的待遇近年飙升，很多职位还出现了一将难求的现象。以下是某网站的招聘页面截屏，OD 的基本薪酬都在 60 万元以上。

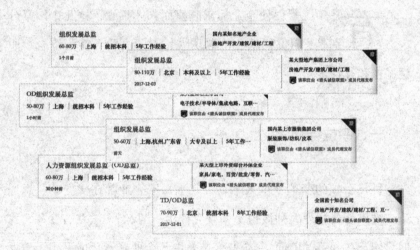

图 1-1　某网站 OD 招聘信息截屏

为什么 OD 的薪酬会比人力资源其他职位高出一些？

这里只提一个原因：边际成本。

举例说明：

在汽车行业，假如花 50 万元建一条流水线制造汽车，每辆车花费 20 万元，这样，不管你造多少汽车，每多造一辆汽车，总成本就增加 20 万元。将这 50 万元的流水线成本平摊到众多车中，每辆汽车的制造成本就无限接近于 20 万元。

但在管理学行业中，假设花 50 万元做一套管理体系，然后花 20 万元的人力成本去维护，不管将这套系统提供给多少企业使用，其成本依然还是 70 万元。即增加一个管理体系的成本几乎不会造成总成本的增加，也就是说，边际成本为零。

因此大家就会明白，OD 的薪酬是一份独特的能力薪酬。

三、专业高阶

OD 的主要专业是组织发展学。组织发展学的本质是关于管理变化变革的，强调个人、团队、组织以及社会等层面变革的重要性。只要这种变革是以提升生产率或者经济效益、改善工作环境与条件、实现员工福祉为目的的，都是组织发展中的主要内容。总之，组织发展学是覆盖面非常广的一种企业变革发展的专业，大致包含以下几项内容：

1. 组织评估与诊断；

2. 行动计划与干预；

3. 个体干预设计；

4. 团队干预设计；

5. 流程干预设计；

6. 组织干预设计；

7. 过程与结果评价；

8. 职业道德与价值观。

这些专业在传统的人力资源模块中较少涉及，是专项解决问题的项目管理，OD能够对企业的问题提供较为系统的解决方案。组织发展学独立于管理学之中，是人力资源管理中的高阶内容，拥有一定的理论基础，因此可以独立成为一门子学科，成就了OD实践者的理论高度。

四、能力综合

胜任力概念由美国哈佛大学教授、著名心理学家大卫·麦克利兰于1973年提出，引入管理学领域已经有几十年的历史。随着对胜任力研究的进一步深入，管理学家提出了OD胜任力模型，并列出了七个基本的知识能力领域：组织行为学、个体心理学、群体动力学、管理和组织理论、研究方法（包括统计学）、比较文化观点以及业务知识，同时提出六个核心技能：

1. 咨询过程的管理；

2. 分析和诊断；

3. 设计并选择适合的干预手段；

4. 催化过程的咨询；

5. 开发客户的能力；

6. 组织变革评价。

能力提升，尤其是综合能力的提升，其关键在于大量的知识积累和反复的实践，即积累和实践。因此，想成为一个合格的OD，在提高个人能力上主要应该加强以下两个方面的训练。

1. 积累。积累就是通过大量的学习，积累各方面知识。加强学习是提高个人观察、记忆、思维、想象能力的重要手段。一个人的能力水平如何，来源于其所掌握知识的多寡。史鉴使人明智，诗歌使人巧慧，数学使人精细，博物使人深沉，论理之学使人庄重，逻辑与修辞使人善辩。所以，只有广览群书，博采众长，才能不断增加知识，拓宽自己的视野，才可能成为OD所需要的复合型人才。

2.实践。在掌握大量知识的基础上，要在企业实践中反复运用才能将书本上的知识变成自己在社会实践中的真正本领。同时，应在项目实践中培养自己的组织能力。完成一项工作或任务，首先要谋划制胜的方略，以方略率众。方略就是全盘的计划和策略，并且要将方略明确告诉大家。一个正确的方略，不仅可以起到凝聚人心、统一思想、统一意志、统一行动、统一部署的作用，还是锻炼自身心智能力的核心。

五、职责多样

OD到底有哪些职责？可以先看看几家公司招聘OD时的相关职责定义。

表1-1　阿里巴巴OD职责

1. 理解业务战略，把握业务节奏，通过组织诊断、团队学习、绩效创新等，催化组织能量、推动战略落地； 2. 能应用现行管理实践的专业理论、方法、工具，为内部客户提供专业解决方案，实现组织能力全面提升； 3. 根据组织发展需求设计人员成长路径及人员培养方案，有效制订和实施人才发展计划并跟进实施； 4. 设计和开发多元的学习形式（包括但不限于课程研发、沙龙设计、引导技术等），实现人才成长，促进业务和组织目标的达成； 5. 整合公司培训资源，搭建专业的讲师团队体系。

表 1-2 腾讯 OD 职责

1. 根据公司组织及干部管理等相关政策，负责事业群相关工作的落地实施；
2. 负责推动设计和优化事业群内组织架构变革，协助确保组织变革过程中各项沟通、协调的落地，跟进实施组织架构调整的各项工作；
3. 根据事业群内的管理要求和实际情况，负责干部管理工作，包括干部盘点、任免、评估、培养等环节的有效执行，参与并推动相关领导力发展体系的设计和实施；
4. 参与事业群内组织相关的诊断、优化、变革等工作，推动组织有效运转。

表 1-3 恒生电子 OD 职责

1. 根据事业部业务发展需求，围绕人才发展策略规划核心人才培养发展体系，并主导落地；
2. 针对不同人群特点、不同业务要求，积极开拓及整合资源，开发设计不同的培养项目，推动业务目标的更好落地；
3. 能应用组织发展或培训实践的专业理论、方法、工具为内部客户提供专业解决方案支持，实现组织能力全面提升。

可见，不同的企业对 OD 职责的定义不尽相同，这就让 OD 职责有了更多不确定性，需要 OD 展现综合素质，应对不同企业的不同问题，输出较佳的方案和工具，以处理企业的共性和个性问题。

六、背景多元

可以先看一家企业以年薪 80 万元的待遇招聘 OD 总监时所列出的任职要求。

表 1-4 某企业 OD 总监任职要求

1. 本科以上学历，企业管理、人力资源管理、心理学相关专业，硕士研究生学历优先；

续表

> 2. 8 年以上人力资源规划、组织发展相关经验，具有房地产行业从业经验者
>   优先；
> 3. 具备现代人力资源管理理念和扎实的理论基础，了解相关人事政策、劳动
>   法规；
> 4. 较强的信息收集、数据分析能力；
> 5. 有知名咨询公司、人才测评公司项目实施经验者优先。

　　这家企业对 OD 的任职要求基本是 OD 人才市场的缩影，OD 的任职要求一般有三个主要方面：首先是学历要求，硕士优先；其次是专业要求，管理学专业优先；最后是背景要求，有咨询公司背景优先。大部分企业招聘 OD 都有类似的三个方面要求，这已经快成为 OD 的标配，且行业背景成为次要，有些企业甚至希望是跨行业来的。

　　比较难以满足的要求是咨询公司背景。为什么企业需要管理咨询公司背景呢？

　　管理咨询师是一个市场经济的产物，也就是说随着市场经济的发展，在企业竞争越来越激烈的情况下，企业对管理越来越重视，因此就有了一个行业，这个行业就是管理咨询业。管理咨询师是指具有系统、扎实的理论基础和丰富实践经验的专业技术人员，他们深入企业，了解企业实际存在的问题，查找产生问题的根本原因，帮助企业改善这些问题，提出具体的 OD 的方案，并指导实施。这样一个活动叫咨询服务活动，这样的从业人员叫管理咨询师。因此，管理咨询公司出来的 OD，具备比较综合的能力和素质。

第二节 ｜ OD 如何改写人力资源管理？

在学习组织发展的人中，人力资源工作者是一个很大的群体，相对于公司内部其他职能部门，人力资源工作者被认为在组织开发工作中具有不可推卸的职责。

一、从 HR 到 OD

但是，人力资源工作的目的和范围与 OD 是不同的。

人力资源工作更关注效率，围绕着六个模块（人力资源规划、招聘和配置、培训和发展、绩效管理、薪酬和福利管理、劳动关系管理）开展工作，自称业务支持部门。人力资源部门的大部分工作都是以流程为导向的，重点是如何降低风险。

组织发展基于应用行为科学，以帮助组织改善个人和整个系统。OD 的目标是让组织更加有效。从本质上讲，OD 代表了一种有目的和有意义的变革。OD 从业者在工作中通常使用三种主要工具：

1. 评估；

2. 干预；

3. 建模。

与传统的人力资源工作者不同，你不会看到一位 OD 专业人士在查看清单和手册。相反，他们对专项行为和数据研究更感兴趣。以下是 HR 和 OD 扮演的不同角色的部分列表。

表 1-5　HR 和 OD 扮演的不同角色

人力资源（HR）	组织发展（OD）
• 管理招聘，保留和绩效管理 • 减少和降低人员管理中的风险 • 确保合法合规 • 确保"足够"的公平性和多样性 • 执行政策和程序 • 降低劳动力成本 • 提升工作场所的健康和安全	• 在发扬组织文化和价值观的同时提高组织效率 • 最大限度地发挥员工的潜力，帮助他们增加对组织成功的贡献 • 评估组织内发生的事情，然后通过干预来尝试和创造积极的变革 • 使人们的行为符合组织的战略、结构、流程、业务目标 • 帮助提升整个工作场所的组织价值

在过去的几年里，包括戴维·尤里奇在内的管理专家已经开始倡导转向"战略性人力资源"，使人力资源成为业务合作伙伴，提供业务解决方案和战略，而不仅仅是配合性服务。

目前，很多企业都采用人力资源的三支柱运作模式，人们对战略性人力资源部门的创建非常普遍。

然而，在组织促进和发展这个问题上，人力资源在大多数国内公司中的作用略显尴尬。OD 项目可能成功，也可能不成功。人力资源是否愿意担任组织变革的发起者和推动者，并愿意承担由此导致的失败的影响，这是动机方面。

作为系统工程，在公司中，只有首席执行官才是最合适的变革发起人和倡导者，否则所有变更都会被随时遏制，变革者也将被放逐。因此，除非首席执行官拿到"尚方宝剑"，否则人力资源部门很难挑起这一责任，这是能力方面。

此外，不能为了OD而OD，不能为了变革而变革。是由于公司的业务和战略发展了，我们才需要改变和加强组织，这是核心基础。我们要优先理解Why，而不是马上掌握How。

OD其实无处不在，不是正式启动一个项目才是OD的开始。作为一个HR，具备OD的思想，比真正启动一个项目更有意义：你可以从一个个小型的干预开始启动变革。

当然，虽然HR和OD在定位和职能方面有很多不同，这两个角色也已经快速融合，新的职能也已诞生。OD和HR的关系可总结为以下三点。

1. 帮助完成企业战略和目标

在当今多元化的商业环境中，人力资源领导者可以使用OD方法，通过长期战略计划帮助公司应对他们所面临的挑战。

此外，市场环境正在迅速变化，组织变革正在不断实施，促进成功变革的最有效工具之一就是OD。随着人力资源管理的重点逐渐转向组织学习、技能和组织效率，有效利用组织发展来帮助企业完成战略和目标正在成为人力资源行业的强大竞争力，并且也将成为人力资源管理的核心工具。

2. 数据分析解决 HR 问题

OD 可以帮助识别和影响组织流程的变化，这对人力资源领导者具有直接价值。且 OD 可以为复杂的人力系统带来数据分析技能和客观问题解决方案。组织发展的实践包括通过绩效管理、薪酬体系、职业规划和劳动力多元化设定目标，这些目标与人力资源工作直接相关。

3. 推进组织变革

事实上，在过去五年至十年中，人力资源部门有效利用 OD 进行组织变革的需求变得迫切。技术的新进展以及工作时间的延长已成为转型背后的推动力。对于许多大型企业，组织的战略目标产生了变化，他们必须重新考虑利润中心并评估组织效能。因此，鉴于当前和未来的人才改革，成功利用和实践组织发展对人力资源领导者来说非常重要。

如果将 OD 用作组合技能的一部分，HR 可以更深入地了解如何更改以及更好地支持组织的运营。

二、OD 能够改写 HR 的基本特征

OD 是提高全体员工积极性和意识的一种手段，也是提高组织效率的有效途径，它有几个值得注意的基本特征。

1. 注重长期变革的价值取向

组织发展意味着深层次和长期的组织变革。例如，许多公司计划在组织文化层面实施新的组织变革，以获得新的竞争优势，这就需要运用组织发展模型和方法。由于组织发展涉及人员、群体和组织文化，它将注重合作协调而不是冲突对抗、强调自我监督而不是监管控制、鼓励民主参与管理而不是集中管理等重要的价值取向包括在内。

2. 从诊断到改善的循环过程

组织发展的理念是对企业进行"多层次诊断""综合制定""行动干预"和"监督评估"，形成健康、积极的"诊断—改进"循环。因此，组织发展强调研究与实践相结合。组织发展的一个显著特征是在充分诊断、定制和实践验证的基础上建立组织发展的思路和方法。组织发展的关键部分之一是学习和解决问题，这也是组织发展的重要基础。

3. 系统性的层层深入

组织发展活动既有一定的目标，也有一个不断变化的动态过程。组织发展的重要基础和特征强调各部分之间的相互关系，尤其是相互依存关系。在组织的发展过程中，企业组织中的各种管理和业务事件不是孤立的，而是相互关联的，由一个部门或一方执行的组织发展必然会影响其他部门或方面的流程。系统从组织的发展开始，就有必要考虑每个部分的工作，协调整个系统各部分的活动，并调整其与外界的关系。组织发展侧重于流程改进，它不仅能解决存在的问题，而且能通过有效的沟通来参与决策、管理冲突、分享权力，从中学习新的知识和技能，阐明团体和组织的目标，实现组织发展的总体目标。

4. 通过计划的再教育进行转变

组织发展不仅仅是知识和信息的变化，更重要的是更新管理心理学的各个方面，如态度、价值观、技能、人际关系和文化氛围。组织发展理论认为，通过组织发展的再教育，领导和员工可以放弃不适合形势发展的旧规范，建立新的行为准则，实现组织的战略目标。

5. 有明确的目标和计划

组织发展活动是制订及实施发展目标和计划的过程，也是设计各种培训和学习活动以提高设定目标和战略规划能力的需要。大量研究表明，明确、具体和中等难度的目标更有可能刺激动力并提高工作效率。目标和目标管理活动不仅可以最大限度地利用公司的资源，还可以发挥人力和技术的潜力，制订高质量的发展计划，增强公司成员长期的责任感和义务观。因此，组织发展的一个重要方面是使组织能够建立长期的学习目标和掌握工作技能，包括制订指标和计划、根据预定目标确定具体的工作程序，以及决策技能。

有效利用OD干预措施可以积极促进人力资源部门对业务的贡献。人力资源部门可以评估工作环境以确定自己在该领域的优势，并找到需要改进的领域。

第三节 ┃ OD 的工作不仅仅是 HR 的升级版

一、OD 是在战略层面看组织

OD 是指将行为科学知识广泛应用于组织的设计、定义、诊断、分析中，通过组织变革和组织学习来增强组织有效性的战略、结构和流程的开发、改进和增强。这种有计划的干预措施可以增强组织结构、流程、战略以及人员和文化之间的一致性，提高组织竞争力，并不断创造组织绩效，帮助组织提高效率和活力。

随着人力资源获得越来越多的 OD 优势，组织本身和人力资源行业都受益匪浅。OD 的发展可以追溯到半个多世纪以前。由于其多样和动态的特点，已经成为一个基于行为和价值研究的跨学科产业，并在许多领域取得了成果：人类学、商业、咨询、经济学、教育、管理、组织行为、心理学、公共管理和社会学。OD 提高了企业总体系统和独立部门的组织绩效。因此，作为 OD 管理者，有必要与众多利益相关者保持密切的工作关系。

OD 行业日益发展和壮大，在 20 世纪 80 年代末，这个领域的领导者提出：为了让组织发展更好地服务于企业，就需要使组织变得更具战略性。1988 年，有研究者直接将 OD 的职业领域明确扩展为团队建立、团体决定、工作设计以及帮助组织应对压力。

而当下流行的是组织发展体系四大职能。

1. 变革管理

市场随时都在变化，公司所处的商业环境每天都在变化，公司需要不断变化来应对环境的变化。一些主要的变革管理项目包括结构调整、战略规划、组织文化和领导力改进。通过加强组织结构、流程、战略以及人员和文化来发展组织的自我更新能力。

2. 培训和开发

目前，一些跨国公司的主流人力资源管理模式越来越多地将培训与发展相结合，并逐步形成一个系统，以支持相对高端职位的人才管理系统，采用基于企业胜任力模型的战略培训模式。

3. 人才管理

从一些跨国公司来看，主流人才管理包括关键绩效员工管理、职业规划、继任计划和管理培训。鉴于组织资源相对有限，该组织的人才管理和培训计划越来越关注关键绩效员工。

4. 绩效管理

大多数公司都有类似的绩效管理模式，他们之间的不同之处在于：高绩效公司的运营更加完善、更加标准化。在这个过程中，他们更加关注绩效沟通和改进，并实际使用 PM（Project Management，项目管理）作为管理和开发工具而不是最终目标。

二、OD 的视角是依托组织来工作

从组织的角度来看，OD 解决了整个公司的问题以及公司内部各组织的持续发展问题。OD 也离不开对战略、业务、环境和人才的关注，即从战略角度和组织角度，依靠人才来解决业务发展问题，从而应对环境的变化。因此，OD 的工作内容大致可分为三个部分。

1. 组织定义和管理

通常，通过规划帮助公司实施组织发展更有意义。因此，OD 的首要任务是对公司内的组织进行分层、分类和组织。例如，对于集团公司，有必要对其子公司进行分级描述；对不同规模和处于不同发展阶段的下属组织（包括子公司、部门、地区等）进行分类，并对组织进行界定并澄清分类标准。

在对组织分层、分类和定义的基础上，有必要设计组织新活动，取消、合并、变更相关机制和流程，并规范组织的管理。

2. 组织分析和组织诊断

组织开发部门应定期分析公司的所有组织。分析的数据包括组织绩效、组织规模、组织水平、人均效率、组织结构、过程信息等，以判断每个组织是否处于良性发展轨道。在进行组织分析时，需要对组织的各种类型的数据进行横向基准测试、战略性基准测试和外部基准测试，以使数据更具说服力。

对于已识别的组织问题进行深入分析和诊断，确定组织问题的根本原因，并提出改进建议。

3. 组织学习和组织变革

支持组织持续改进的基础是不断学习。组织学习由两部分组成，即组织领导和组织管理优化。组织领导不同于个人领导，前者更注重组织领导能力的共同发展、整合、协同和互补，注重组织领导的优化，而不仅仅是关注个人领导力的提高。组织管理优化是不断优化组织的结构、分工、系统、流程和信息，以满足组织快速发展的要求。

此外，组织发展部门还需要承担促进组织变革的工作。在正常情况下，应遵循公司的整体战略周期，使公司的整体组织定期进行变革。这些变化由总部发起，需要各级组织实施。

REWRITING
HUMAN RESOURCE
MANAGEMENT

7   S K I L L S

F _____ O _____ R

O R G A N I Z A T I O N

D E V E L O P M E N T

第二章 组织诊断

　　处在当今复杂多变、激烈竞争的内外环境中，现代组织需要经受的考验和历练太多。借助组织诊断和评估，不断地对组织现状进行调查、分析、判断，可以及时发现薄弱环节并解决存在的问题，推动管理水平和应变能力的提高。当下，一些独角兽企业如阿里、腾讯、京东等，非常注重做好自身的组织诊断工作，以帮助其庞大的组织健康、持续地发展。

　　企业应该如何全面、清醒地认识自己，准确掌握自身的优势与弱点？

第一节 ▎组织诊断：全面认识自己的组织

很多人一提到组织诊断，就会想起韦斯伯德的六盒模型，这一工具以其浅显易懂的方法而为人们所熟知，这是一种简单而实用的组织诊断工具模型，也是国内一线互联网企业阿里巴巴做组织诊断最常用的方法。由此可见组织诊断的重要性和普及性。组织诊断是组织发展工作的伊始，它是指在对组织的文化、结构以及环境等进行综合分析与评估的基础上，确定是否需要进行变革的活动，即管理者对于是否应该变革、哪些地方应该变革、是否具备变革条件等问题，逐一进行调查分析活动。

一、组织诊断的内容和目的

组织诊断是企业经营管理中的一种控制措施，借助组织诊断，不断地对组织现状进行调查、分析、判断，可以及时发现薄弱环节并解决存在的问题，推动管理水平和应变能力的提高，从而保证组织的健康生产、稳步成长、持续发展。

在组织诊断中，为了更好地实现战略目标，OD 专业人员应对相应的组织体系和运作情况进行校查并改善。

戴维·尤里奇认为，一个完整的组织诊断包括 4 个步骤：

1. 定义组织模型；

2. 建立评估流程；

3. 为管理改进提供领导力支持；

4. 设定优先顺序。

作为战略合作伙伴，HR 专业人员需要确保这些步骤是和他们的客户（直线经理）共同完成的。

组织诊断是借用医学诊断一词而衍生来的。像人体的体检一样，一般来说，组织诊断的内容主要包括：

1. 组织战略和经营策略；

2. 组织结构和形态；

3. 组织价值观和组织文化；

4. 组织管理流程和作业流程；

5. 组织效率和效能；

6. 部门设置和岗位设置；

7. 工作设计问题；

8. 组织知名度、组织能力、组织伦理、社会责任、商业信誉、品牌价值；

9. 组织内部冲突状况；人力资源诊断，包括薪酬福利状况、绩效管理状况、培训与发展状况、职业生涯管理状况、人事政策、制度问题、员工关系、员工素质。

组织诊断被提出后，相关的词语也被提及，比如"组织健康度"。组织诊断的过程虽然复杂，但它不是目的。组织诊断的最终目的是反馈诊断信息。组织诊断最重要的步骤是把收集的信息和分析结果提供给组织的决策层：适当的信息只有被组织成员拥有和使用时才能对组织变革产生影响。

从诊断角度来看，一个企业的组织无外乎四个维度，即四个维度就能把这个企业的组织展现出来。

第一个维度就是组织的大脑，即领导维度。领导在管理学里面不是一个名词，是一个动词，领导和领导力也有些区别，领导是领导与被领导两个维度的关系。谁是领导者，谁又是被领导者？领导者和被领导者的关系是什么样的，有什么样的风格？这是领导维度所要解决的问题。

第二个维度可以比作组织的骨骼，就是常说的架构。有的组织骨骼非常硬，属于直线职能型组织架构，有的组织骨骼非常软，则可能是矩阵或网络状的组织架构。

第三个维度为组织的血肉和神经系统，即流程维度。看一个组织好不好、健不健康，主要是看流程。一个良性的、高绩效的组织，它的流程一定是畅通的。一个互相推诿、效率低下的组织，它的流程一定是不通的。

第四个维度是组织的细胞。一个小细胞的迭代更新会影响组织的进化或者衰退，细胞即员工维度。

所以说，领导、架构、流程和员工这四个维度，就能够把组织的全貌展示清楚。人力资源有六大模块，那组织可以说有领导、结构、流程和员工四大维度。平时所说的组织设计多半局限于对组织结构的治理，其实，组织结构的治理只是其中的一个层面或一个问题。

二、组织职能诊断四维度

组织诊断在人类的管理史上一刻都没有停过。世袭制总结禅让制、分封制总结世袭制、郡县制总结分封制……直到现在扁平化带来的优势，人们又开始不停地总结科层制。企业组织诊断时会设置各种维度，作为 OD 要注意各维度的独立性，确保在各维度之间能够形成有效的结构。在维度方面需要确定标准、关注细节，避免重复交错诊断。组织结构分析时，一般分为层次结构、部门结构、职能结构、职权结构四个方面，而各个方面之间能够确保组织结构的完整性。

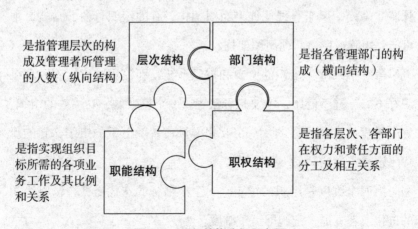

图 2-1　组织结构分析四方面

而当再将各个方面细分时，还应该注重其独立性。比如在职能

结构分析方面，可以细分为职能缺失、职能错位、职能弱化和职能
交叉四个维度。

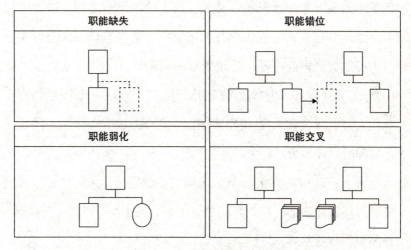

图2-2　组织职能诊断四维度

1. 职能缺失：某些部门的职能设置存在关键业务能力的缺失；

2. 职能错位：某部门承担了其他部门应有的业务能力；

3. 职能弱化：某些职能部门的业务能力不足以支撑业务的运行；

4. 职能交叉：某部门应有的业务能力分散在两个或两个以上的职
能部门中。

当诊断前期工作做到此阶段的时候，便可以将从调查问卷、访
谈、资料收集中获取的大量信息进行有目的的分类、统筹、整理，
将发现的问题逐个归结到所属的不同维度中，形成完整的组织结构
诊断报告。经过维度的划分，可以厘清思路，将混杂在一起的问题
厘定理顺，就好比从一团乱麻中理出一条主线，然后再一步步将支
线厘清。这也是诊断逻辑思维形成的主要过程。

　　大到一个国家，小到一个企业，完备和翔实的计划成为每个组织的"必备手册"，但是要真正使企业摆脱平庸并保持先进，就必须注重细致性。组织诊断更是如此，有了诊断模型之后，细致性就成为落地的关键。在一次组织咨询项目中，笔者发现一家企业人力行政中心的设置同时出现了三个维度的问题。

　　首先，该企业在人力行政部门的架构设置上有以下几个现实特点：

　　1. 人力、行政和 IT 系统职能还没有完全形成专业分工，同在一个一级部门，即人力行政中心里；

　　2. 人力行政中心下设八个二级部门，分别是：组织发展与薪酬绩效部、培训发展部、招聘与配置部、企业文化部、IT 部、后勤部、工程部和质量控制部；

　　3. 人力行政中心设一位副总监，分管企业文化部、后勤部和工程部；

　　4. 各部门均有经理（或主任）等中层管理人员。

　　其次，各部门的职责说明详尽地描述了各自的职能，表面上看除了质量控制部较为突兀以外，其他职能各司其职。但是，经过多天的员工访谈、反馈和逐一部门进行诊断后，主要有三点发现：

　　1. 组织发展职能缺失严重，甚至没有组织发展岗位承接组织发展职能；

　　2. 企业文化部门没有完全承担起企业文化的职能；

　　3. 质量控制部放在人力行政中心是因为生产中心没有成立品控部门，而且质量控制职能没有生产现场管理，所有人员还是在人力行政中心工作。

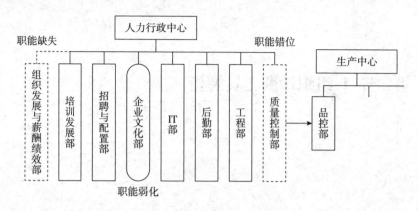

图 2-3　组织职能诊断实例

此诊断并非以公司全局的视角进行，因此单凭质量控制部的书面材料很难判断质量控制部除了职能错位，是否还存在职能缺失的问题，即质量控制部可能没有承担通过监视质量形成过程，消除质量环节所有阶段引起不合格或不满意效果的因素的职能。

问题清晰明了，解决方式自然也就出来了。当然，之后的变革任务仍然要具有一定的全局性，还需要有三个"重新"要完成。

第一个"重新"就是重新思考：包括典范、愿景、关键成功因素的重新探求，思考别人何以成功、自己要如何进步；

第二个"重新"就是重新设计：包括分析工作流程、分析整体工作情况、设计信息回馈的通道等，让员工了解自己目前的工作表现如何，应该如何做得更好；

第三个"重新"就是重建工具：包括员工的自主授权、善用信息科技以求更接近顾客及其他使用者设计的功能，让员工有决策权，能够在服务现场提供让顾客更方便的通道，为顾客量身定制他们需要的服务。

第二节 ┃ 组织诊断工具解析

在常规建模诊断之外，很多管理者、学者以及实践者创造了大量的组织诊断工具，省却了很多 OD 在建模时所浪费的时间。

一、组织能力的杨三角

世界杰出华人管理大师之一杨国安认为，打造组织能力需要三根支柱：员工能力、员工思维和员工治理，即组织能力的杨三角。杨三角中的三根支柱是有顺序的，第一根必须是员工能力，即员工必须具备相关能力或潜在技能，在找到具备所要求的能力的员工后，就需要第二根支柱——员工思维发挥作用了。当员工有能力并且也愿意做时，接下来就是搭平台。在这个环节中，第三根支柱——员工治理将发挥作用，企业必须考虑如何设计组织架构、如何授权以充分整合资源、流程及系统等。即会不会、愿不愿意、允不允许三个方向。

图 2-4 组织能力的杨三角

1. 员工能力

员工能力表示的是员工能否胜任这份工作，如果员工不能胜任，人力资源工作者就需要通过培训、传帮带、领导力等工作让员工能胜任。

- 需要怎样的人才？需要具备什么能力和特质？——胜任力模型；
- 公司目前是否有这样的人才储备？主要差距在哪里？——人才盘点；
- 如何引进、培养、保留、借用合适的人才和淘汰不合适的人才？——5B 模型（Build、Buy、Bounce、Bind、Borrow）。

员工能力培养的工具有领导 / 员工能力模型、人才盘点、人员调动、培训课程、网络学习、观摩学习、测评中心等。

2. 员工思维

员工思维模式和价值观，表示的是一种群体思维，是员工真正关心、追求、重视的事情。可设计调研问卷及访谈，去了解员工是否愿意为这份工作付出，解决的是员工愿不愿意的问题。

- 什么是主管 / 员工需具备的思维模式和价值观？——真正关心的、追求的、重视的事情；

- 如何建立和落实这些思维模式和价值观？——工具。

员工思维培养的工具有高阶主管行为、决策、要求；平衡计分卡；KPI 设定；新绩效标准；客户满意度调查；变动性工资；激励计划 / 季奖金；股票选择权；末位淘汰等。这也是在考察员工的思维跟公司是不是在一个频道上，员工究竟愿不愿意付出：当员工对年终奖金等不满意时，就说明员工思维出现问题了。这些现象能反映员工内在思维的一些变化，能够得到一些真实的答案。

3. 员工治理

员工治理表示的是这份工作允不允许的事情，如企业的很多规章制度、集权分权、权责、业务流程等。员工治理主要考察的是组织硬性层面的东西：

- 支持战略的组织架构；

- 集权和分权以整合资源；

- 关键业务流程的标准化和简洁化；

- 建立支持战略的信息系统和沟通交流渠道。

员工治理的工具有流程再造、跨部门合作、项目管理、重要客户管理、组织重组、组织扁平化、授权、学习型组织、客户导向组织、矩阵式管理等。

可以从上述三个层面的工具中挑选一个到两个为自己的企业组成一个组织诊断模型，比如员工能力选择胜任力模型、员工思维选择平衡计分卡、员工治理选择流程再造，那么这三个工具就代表组织诊断模型了，可以用来实践。

二、麦肯锡 7S 模型

麦肯锡管理咨询公司所采用的 7S 组织模型则定义了 7 个要素，包括战略、共同价值观、技能、员工、风格、结构和系统。

1. 战略：科学性道德保障、统合综效、全面维护

即以在竞争中赢得可维持优势为目标的一整套的一致行动方案。

2. 共同价值观：正确的动机

即在组织中具有代表性并为组织中大多数成员所共有的、正确的和理想的想法。

3. 技能：正确的方法

即组织所拥有的、作为一个整体区别于个体所具备的能力。

4. 员工：有力的系统经济单元

即组织的员工应依据公司的整体战略思想来行事。

5. 风格：求真务实、坚实有力的领导

即经理们集体所表现的办事方式（与时间的使用、关注点、象征性的行动有关）。

6. 结构：明确的责任分工

即组织结构图及相关的部件（显示谁是谁的上司及工作是怎样被分解及被整合的）。

7. 系统：高效的系统运行模式

即贯穿于每日行事的流程及程序的科学性。

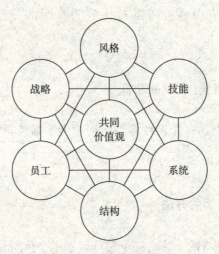

图 2-5　麦肯锡 7S 模型

根据麦肯锡 7S 模块，整个组织诊断可分为七个模块进行，顺序如下：①进行组织风格诊断。很多人说国企的风格和民企风格不一

样，这就是需要考量的，所以在诊断的时候要先识别风格。②进入结构化诊断，即责任分工、上下级关系、职能的交叉和推诿等。③系统性诊断，考查运营的科学性和合理性。④员工层面的诊断应关注：群体的关注点和规定的行为、行动是否一致。⑤诊断战略，这也是对组织的一种考验，组织与战略之间相互匹配的企业是能长足发展的，如果不匹配，企业将无法实现战略。⑥技能诊断，即关注能否正确地做一些事情。⑦共同价值观诊断。一个人没有动机或动机不单纯的话，是很难发展的，当每个人都只为自己而行动的时候，集体的利益就会受到损失，共同价值观在整个麦肯锡诊断中是最后一个方面。

这七个模块会涉及不同的问卷和不同的访谈模式，用这七个模块作为框架去对标企业，并在这个框架中形成诊断分数，和其他的企业进行对比，诊断分数的差距就代表了一种诊断的结论和结果。

三、六个盒子

六个盒子也叫韦斯伯德的六盒模型，是韦斯伯德于 1970 年创立的经典组织诊断工具。支付宝团队在 2010 年引入了这个工具，2013 年被广泛应用于天猫、阿里云、菜鸟等团队。在阿里巴巴内部，六个盒子对从组织内部视角不断检视业务实现过程起着至关重要的作用。

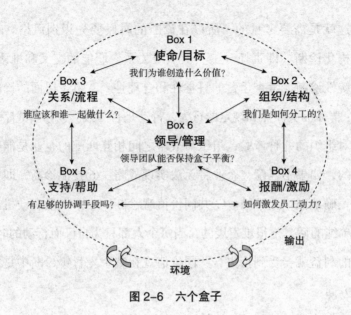

图 2-6　六个盒子

　　六个盒子分属六个维度，分别是"使命 / 目标、组织 / 结构、关系 / 流程、报酬 / 激励、支持 / 帮助、领导 / 管理"。其实六个盒子也不是那么特别，在整个组织职能诊断里面是比较普通的一个，但阿里巴巴利用该工具进行的诊断非常有效果，由于阿里巴巴影响比较大，所以这一工具也被推广到整个管理学界。

　　六个盒子是从目标开始的，即组织有效性诊断，之后将影响组织架构以及流程，然后影响激励，继而影响支持 / 帮助，到领导 / 管理。所以说六个盒子，第一个盒子就是目标。

　　这也说明阿里巴巴非常重视目标的实现，非常重视企业的有效性。这是他们整体输出的，一看那六个盒子就看到他们的价值观了。回到自己的企业中，目标是不是一定很重要？如果目标很重要的话，就可以用这六个盒子的诊断模型去套用。如果更强调的是一种机能的良好，那可以把结构放在最上面，用结构去索引整个诊断模型。比如一家国企要的是一种规范化的层级制。那么层级的规范性，也就是结构的完整性，这个模块就是非常重要的，可以把它放在最上面，来牵引其他模块去建模，然后再去诊断，这就是一个典型的组织诊断模型。

表 2-1　六个盒子诊断内容

维度	主要方向	诊断内容
Box1: 使命 & 目标	组织是否有清晰的使命？员工是否理解并认同公司的使命？	为谁创造什么价值？ 使命、目标、基本理念。 诊断依据： 是什么：是否清晰和明确？ 怎么样：内部一致性如何？ 使命感：是否为之兴奋？
Box2: 组织 & 结构	企业内部工作是如何被分配的？考虑到使命时，人力资源的分配是否合理？	怎么组织自己以便达成目标？ 分工、权责、边界。 诊断依据： 是什么：是否清晰和明确？ 怎么样：组织运转的效能如何？
Box3: 关系 & 流程	公司各单元协调的方式是怎么样的？缺乏协调是否会引起矛盾？	谁和谁怎样一起工作？ 关系、流程、氛围。 诊断依据： 是什么：是否清晰和明确？ 怎么样：合作是否顺畅？
Box4: 报酬 & 激励	所有需要完成的任务是否都有相对应的激励措施？奖励是支持还是阻碍了任务的达成？	如何激发员工努力？ 内容、形式、效果。 诊断依据： 谁因什么而被奖励？ 奖励是否公平有序？ 长期利益与短期利益是否平衡？

维度	主要方向	诊断内容
Box5： 支持 & 帮助	支持组织工作的系统和流程是怎么样的？	有什么样的工具、支持帮助达到目标？ 是否有效帮助业务成功？ 支持、政策、方法、工具是什么？ 软性支持、硬性支持。
		诊断依据： 是什么：有哪些支持和帮助措施？ 怎么样：执行过程是否有效？
Box6： 领导 & 管理	被视作密切观察其他五个盒子中非正常事件或意外结果的最后一个盒子，是六个盒子的终极生产点和组织改善的起点。其他五个盒子是否处于均衡的状态？失衡时要采取怎么样的行动及时修正？	是否维持各盒子平衡？ 领导、管理、团队。
		诊断依据： 领导力、管理水平如何？ 管理和领导运作得如何？ 如何获得其他盒子的状态反馈？ 调节手段如何？ 需要什么样的辅导？

四、组织健康问卷

通过问卷调研可以全面、客观地了解企业目前经营战略、组织管理的情况和信息，以帮助公司有针对性地提高，实现管理目标。

一般情况下，组织健康问卷调查表会设计若干道题目，对员工采取不记名调查的形式，覆盖企业的高、中、基层各个系统，从多角度、多层次收集员工对企业的感受。其中，有五项工作是必要的。

1. 调查实施时间：比如，问卷调查将于某年某月某日至某日实

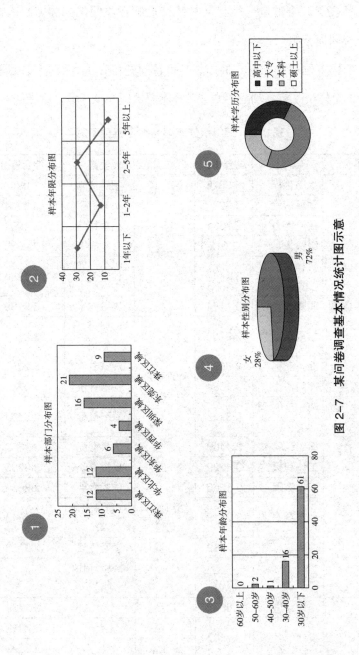

图 2-7 某问卷调查基本情况统计图示意

施。各接受调查的部门须在某月某日上午将收回的问卷密封入档案袋，交回项目组。

2.样本选取办法：比如，本次问卷调查将在公司各个层级展开，公司的全体员工将参加问卷调查，样本总数应不低于公司人数的60%。

表2-2　某组织健康问卷综合得分示意

维度	要素	综合得分	维度	要素	综合得分
战略 3.4115	战略目标	3.3976	领导 3.0865	领导方式	3.0944
	理解认同	3.3223		决策过程	3.0244
	核心能力	3.5331		指挥协调	3.1034
组织体系 3.0298	组织体系	3.012		控制	2.9639
	机构与职位设置	3.1446		促进变革	3.1386
	职责	3.1124	管理制度 3.0684	决策结果	3.3735
	权限与授权	2.9759		计划与目标管理	3.3343
	业务流程	2.8635		规章制度	3.2217
	部门协作	3.1084		价值评价	3.0241
文化 3.2197	HR价值理念	3.3223		薪酬分配	2.5382
	组织认同	3.4458		机会分配	3.2892
	工作积极性	3.2229	组织的学习性 3.1471	发挥专长	3.3233
	工作氛围	3.1566		成长发展	2.8659
	创新意识	3.2139		对学习的领导	3.2843
	冲突容忍度	2.7289		学习气氛	2.9722
	危机意识	3.2771		鼓励学习的措施	3.0542
沟通 3.1010	沟通渠道	3.0681		产品	3.3735
	反馈	3.1807		资源	3.2313
				企业家	3.3598

3.调查方式：比如本次问卷调查采取不记名方式。每人填写的问卷只有本人和项目组知晓，项目组将以问卷调查统计分析报告及企业诊断报告的形式提交公司领导，绝不涉及具体部门和人员。

4.问卷题目选择：比如，题目选择以项目组对企业战略和组织命题的理解为基础，所设题目本身无对错好坏之分，被调查者将有机会如实表达对公司经营管理的看法、希望和建设性意见。

5.问卷统计分析：比如，项目组将在某月某日开始进行问卷调查数据的录入、校对、处理、统计和分析，统计方法将根据实际数据情况进行描述性统计及显著性检验。

一个好的问卷设计必须考虑三大因素。第一要素就是呈现因素。它是指调查的基本情况所呈现的数据。在数据呈现方面，基本用五个图形表示，即柱状图、折线图、饼形图、条形图和散点图，这是最主要的呈现数据的模式。如果问卷发放后，并没有收集到成规模的数据，没有形成一些共性的东西，非开放性问题的各选项分布比较均匀，就说明这个问卷设计不是很成功。设计问卷的时候必须有一定的导向性，如果重视目标，就应当把目标指标、衡量指标的细指标都阐述得尽可能详细，以真正挖掘出样本的分布。

第二要素是综合得分因素。在组织诊断过程中运用组织健康问卷要统计出一个分数，即使其中有很多维度。比如说组织体制治理，如果几个对标企业用同样的组织健康问卷去诊断，那么就可以用得分进行对比。如果没有对比条件，就需要自评，即半年做一次组织诊断，半年之后再去诊断，每次诊断不要更换工具和权重，诊断几次之后再去优化，这样就会是一个非常好的优化性参考。

组织诊断不是一次就完成的，很多人觉得拿一套问卷只用三天组织诊断就出来了。组织诊断最重要的一个问题就是数据性，如果第一个要素里面数据很多，那第二个环节就是数据的沉淀。这次诊断完之后把数据积累下来，等到下一次诊断开始的时候，再进行对比，经过两次到三次的对比，才能真正看出组织中内在的问题。

第三要素是结论因素：健康组织健康问卷一定要有结论。

在设计组织健康问卷的时候，最终要出现上述三个要素。

还有一个方式是以这三个要素从后向前进行推导，得出问卷题目。问卷经过几次筛选和更改后，人力资源部可以组织自己的人先评估一次，尝试差异性的大小，然后再去推广。推广的时候可以先尝试在一个一二百人的中型团队的综合岗中进行测试，技术岗不具备普遍性，它可能是单一的一种技能性的团队，对于整个的问卷结果会产生较大的偏差和影响。所以应当找一个综合性团队去测试，再进一步推广到整个集团公司。

五、组织诊断访谈结论应用

访谈是调研和分析的基本技能，访问者通过与被访者面对面的谈话，有效避免了问卷等其他研究方法的弊端，有利于深入了解被访者的真实想法。

访谈法一般与问卷法相辅相成，互相作为佐证。问卷提取一些更客观的数据，访谈法则提取一些更主观的想法和思维，两个方法相辅相成，结论将更具有客观性。访谈法的实施过程非常简单，关键在两个方面，一方面是为访谈准备的提纲，即要有一个系统化的思路和思维。提纲设计得好一些，可以提前发给访谈者，让他有一个心理上的准备。另一方面就是总结访谈，要抽取与访谈有关的一些信息。

此外，对多位访谈对象设计的提纲要形成联动。同样一个问题可以问不同的人或者是相关问题由其他人去佐证，使这个问题或这个事件更完整地展现出来。例如，就某一个问题询问技术部门了，技术部门说这个问题比较大，当时是联合了财务部门或者某部门一起来做的，那就要把这些事情记下来，然后向财务部门以及其他相关部门进行佐证，看他们的回应是怎么样的。这就像断案，一定要去了解各方的说法，还要了解律师、检察机关的意见，综合地去看这个问题，最后才能定案。访谈也是一样的，其要义就在于不要被一个人所迷惑，要由多个人在同一个问题上形成联动，互相佐证和印证，这样展示出来的东西才会比较完整。每个人可能都会说一些谎话，有的可能是善意的谎言，所以必须抛开这些谎言类的东西，去寻找真实、客观发生过的事情，这也是总结访谈的难点。

访谈的提纲一般分为高层、中层和基层，在不同企业中的分类方式是不同的，有的问卷会分为五个层次，还有的问卷会按照专业序列分类，如技术部门人员怎么问，财务部门人员怎么问，对不同对象应按不同方向发问再进行交叉，对财务的高层和技术的高层发问的方式也不一样，这是比较复杂的设计访谈提纲的方法。

最基础的就是按高层、中层、基层设计，对这三个层级进行的访谈肯定不一样。对高层的访谈，更注重企业的全局性和战略性问题。在企业中，一个高管可能管理多个部门，要看在部门之间是怎么搭配的，如何在部门之间互相帮助、形成合力，这几个部门要往哪个方向发展，这样的问题就属于战略性问题，目的就是了解高层人员对整个业务层面的了解程度和对企业的思考，同时也是促进他思考的一个过程。

对中层的访谈，更多涉及所在部门的状况、管理中的问题以及对组织内部管理机制、流程的看法和意见。因为中层的工作主要是上传下达，也是统领整个部门专业的第一负责人，在这种情况下，看的就是局部的力量、局部的问题，而且主要问题在于部门和部门之间的沟通协调以及流程处理—— 一般情况下都会在这个问题上出现很大的漏洞。所以在访谈中要了解他们的管理风格与合作的态度。

对中层的了解应更深入一些。做组织诊断最终的目的还是要做组织设计，做完组织设计才是项目的成功。对接大的落地项目的必然还是这些中层，而项目的成功就在于中层能够接受变革，因为变革实施的成本会降低。对于组织来说，高层的人数不多，中层相对来说是中流砥柱，所以说中层的反应尤为重要。

对于基层，要更注重其评价和感受。基层作为企业中较小的一员，能感受到整个企业的氛围，就像十指连心能够决定企业中那些细枝末节。同时，也可以听听基层对自己工作优化的建议，因为他们都在一线，接触客户、接触供应商、接触合作方。访谈基层的时候不能简单了事，有些基层反馈的声音还是非常中肯。

六、标杆企业借鉴法

标杆企业借鉴法是指不断寻找和研究同行一流公司的最佳实践，以此为基准与本企业进行比较、分析、判断，使本企业得到不断改进，从而进入赶超一流公司、创造优秀业绩的良性循环过程。其核心是向行业内或行业外的最优企业学习，通过学习重新思考和改进经营实践，创造自己的最佳实践，这实际上是模仿创新的过程。

向标杆企业学习的过程就是诊断的过程，看看优秀的企业是如何做的，进而检讨自己。可以去对标他们，但也不要完全对标。很多人说要做阿里巴巴的模式，但谁都不可能去复制一个一模一样的阿里巴巴出来：没有两家企业是一模一样的，每个企业都有自己的特点。所以说，标杆企业借鉴法只是借鉴，而不是复制，且不要只参考一个案例，比如说电商不能只参考淘宝，还有很多其他企业，包括非同行业的企业都要去参考。

顶尖的互联网公司很难使用标杆借鉴法，只能去参考过往的一些行业，比如传统行业的经验。如果有些传统行业的某些经验能够运用到互联网公司上，也可以去尝试。不要只局限于对标某几个同行业的大型公司，有时候他们虽然公司规模大一些，但是管理机制未必更好，可能很快就会被超过，有些东西借鉴了反而会耽误自己的发展。所以说在应用标杆企业借鉴法时应寻找多个标杆，即一个企业可以参考十多个企业，甚至二十多个企业，把这些企业的优点去整合放大，想象一下二十多个企业的二十多个优点，如果都能被自身吸收，力量会多强大！

第三节 ┃"组织胆固醇"：组织诊断面对的顽疾

早在 18 世纪人们就从胆石中发现了胆固醇。胆固醇是动物组织细胞所不可缺少的重要物质，它不仅参与形成细胞膜，而且是合成胆汁酸、维生素 D 的原料。胆固醇并非有害物质，但是胆固醇水平普遍升高是造成冠心病发病和死亡迅速增加的主要原因，因此高胆固醇引起了大家的防治意识。

在组织中也有这样一种"疾病"，其本身是组织中必不可少的元素，但是一旦失控，没有及时优化，企业就会受到严重的威胁，我们称之为"组织胆固醇"（Organization Cholesterol）。

与检查胆固醇高低有一定的指标一样，"组织胆固醇"也有一些可以说明问题的现象。我们把"组织胆固醇"的高低与否定义为四个维度，分别是层级、流程、集权和制度。因此，在一个组织里，如果出现无法移除的层级、毫无效率的流程、阻碍发展的专制集权和不曾执行的制度时，那么就可以断定这个企业具有较高的"组织胆固醇"，需要"治疗"了。

一、无法移除的层级

层级是无处不在的，层级之间的博弈也是无处不在的。按传统的管理模式运作，一项工作安排要经过以下程序：总裁与副总拿出工作计划传达给部门总监，部门总监召开部门会议布置工作任务，再由各直线经理通知到各个执行小组及其他员工。同样道理，来自工作一线的信息反馈也要经过相同的路线向上传递。层级多是导致管理线过长、管理时间成本过高的"顽疾"。由于层级多、管理线长，双向信息的传递均较缓慢，且易造成变形或流失，影响决策和管理效能，降低企业营运效率。

如果层级较少，则会产生一个直接影响，就是管理幅度较大。在规模较大的企业里，有些部门直接管理一二百名甚至更多员工，很多集团公司还有间接的管理人员。在这种情况下，如果盲目追求"扁平化"，职能部门便很难驾驭如此大的管理跨度，无形中造成工作粗放零乱，势必降低管理的效益和秩序。

层级制管理负功能中最大的发展特征是形成了官僚主义，这是管理制度的一种弊病，也是在层级制管理人员中普遍存在的问题，主要有两点表现。

1. 形式主义

即员工行为要按照一套严格的规则和章程来进行。由于过分强调照章办事，形式主义使组织成员的行动长期受到规则的限制，员工变得墨守成规，缺乏主动性和创造性，难以了解和应对新的情况和问题，变得毫无弹性，组织的目标和效率反而可能因此丧失。

2.本位主义

层级制组织强调分工的明确性，虽然各司其职，但是也会造成彼此协作上的欠缺，出现"事不关己，高高挂起"以及"踢皮球"的现象。本位主义也是较易出现利益冲突和沟通障碍、阻碍组织发展的一个方面。

二、毫无效率的流程

企业内部常遇到这样一些场景：

a. 两周前就申请了，现在仍没有结果，到底审没审批？

b. 申报跟客户签订合同，结果没等到审批，客户早就找别人签了；

c. 不了解他们所做的事，为何一直需要来审批？

……

企业内部这样的抱怨不绝于耳。甚至连几十个人的小企业申请一件事都要耗费很长时间，相关不相关的人都要来签字：主管签完交给经理；经理签好交给总监；总监签完又直接提交给副总；副总写上"呈报总经理审批"后又到了总经理那里；总经理眼都没抬一下，要不写上"同意"，要不直接放在桌面上挡灰尘……原本一个只需小流程的审批表，好像落叶一样惨遭风吹雨打。

为何众多企业都会出现这种"裹脚布"式的流程呢？

1. 基层人员：我可没权限

对基层人员的授权管理是企业管理中的一个小概率事件。基层人员遇到问题了第一时间就是上报，上报后就是等待，很多员工因此丧失责任感、投入感和方向感。这一问题的本源就是授权体系的问题。

2. 中层管理人员说：等领导拍板

虽然在流程中设置了中层管理者，但仍然需上级审批，中层管理人员于是就将所有事项全部推到高层面前。这一问题的本源除了授权管理以外，责任管理也是一个待建设的问题。

3. 高层管理人员说：是要审核的

很多高层管理人员存在集权思想，不仅要牢牢控制自己的权力，还要去争权，导致很多流程不得不经过很多高层管理人员。高层治理是这一个层面的主要问题。

4. 老板说：对他们不放心

如果事无大小都经过老板的话，就会出现：老板累死，员工先闲死后忙死的现象。这是过度集权管理和领导力的问题。

流程优化的意义之一就是使点对点中的每个流程环节有增值，否则这个环节就可以不要。过多的行政审批可以集中开会解决，而流程本身应该是减少沟通成本的，更要有原则和制度保驾护航。在流程的审批过程中，应是一种遵守规定的流动——审批本身是一个合规的过程，而不是在行政权威中流转的过程。这种毫无效率的流程阻碍了组织发展，是组织"高胆固醇"的一个重要指标。

三、阻碍发展的专制集权

很多传统企业都是老板的"一言堂"，开会的时候都是"老板讲，员工听"。还有一些家族企业也会形成小的专制团队，这种组织形式有利有弊，而在组织发展的当下，显然是弊大于利的。"一言堂"现象今天仍在一些企业里存在，特别是在一些"一把手"中大量存在。这种现象主要表现在以下三个方面：

1. 选人一句话

很多企业对于任免有一定的规定，但同时也有一些"一把手"将制度和程序玩弄于股掌之间，先拍板后走程序，把自己的意图最终变成高管团队甚至全员的决定，使制度和程序形同虚设。

这种企业管理的可怕之处在于，制度的建设者同时也是制度的破坏者。"一把手"实际掌握着用人权，在人事任免上"就是一句话的事"。所以，专制会导致腐败和虚报，员工对于"官"的理解就会产生较大的误差，对于晋升不会抱有较大的希望，对于业绩的热情则会转换到对于服务领导的热情上。

2. 开销一支笔

很多企业的财务开支仍实行老板"一支笔审批"的制度，由"一把手"进行审核签字，再由财务人员据以报销。由于"一支笔审批"缺乏制约和监督，有些"一把手"就利用手中的审批签字权进行个人及家庭的消费。公司财富和个人财富分不开也是现代企业进化的一个比较大的"瓶颈"，如果高管在既定收益和存量收益中划出自己的"小金库"，受到伤害的显然是企业本身。

3. 决策一张纸

在某些企业中，决策过程中"拍脑袋"的现象屡屡发生。很多老板一意孤行，随意把企业发展或决定当作个人的"命令"或"决定"，于是出现许多随意荒唐的"红头文件"，甚至违法的现象。有些企业的合同文件里出现了很多企业自身的宣传标语，还有些企业在制度文件里专门规定员工听领导讲话必须鼓掌等。何以会屡屡出现这些荒唐规定呢？其原因正如一位中小型企业老板所讲："我作的决定，99.99%都不会有人反对；反对的，其他人也不敢赞成。"这可以说是一些家长制领导者在决策问题上大搞"一言堂"的生动诠释。

在现实中有这样几种现象：年长的高管更喜欢专制，年轻的高管则相对喜欢民主；低学历的高管更喜欢专制，高学历的高管通常喜欢民主；传统行业的高管更喜欢专制，互联网行业的高管则相对民主。分析这些现象会发现，民主是未来的一个趋势，比如：现在的互联网企业里汇聚的是一群年轻的精英，这就不难理解为什么互联网企业多采用民主式的管理模式了。

企业要发展，要引进投资人，引进社会上更精英的人才甚至合伙人时，就不得不把决策权开放给他们，只有这样才能一起把企业做得更大更好。按德鲁克的说法，企业的权益是由股东所有，管理是全员共同参与控制，利益是社会共享。换句话说就是，这个企业不是老板一个人能做成的，而是多数人共同做成的。所以企业家领导力中要有一种海纳百川的胸怀，群策群力，才能使企业基业长青。

四、不曾执行的制度

有句话叫"企业管理制度好定，但执行起来麻烦"。不完全执行的制度有三种现象：一是制度弱化，二是制度虚设，三是制度休眠。

1. 制度弱化

这种情况是制度编写得看似清楚，但到了关键环节总是模糊化，"按照有关规定办理""请相关领导批示"等简单的短语即宣布了该制度只是一堆纸而已。这种制度在运行时会出现先天不足，处处羸弱，但是制度仍在组织中运行，因此叫作制度弱化。

2. 制度虚设

很多企业的管理制度被摆在显著位置上，甚至挂在墙上，但员工视而不见，并不一定按制度办事。比如常见的生产企业管理制度，或厚厚的一大本放在架子上，或镶在框里钉在墙上，员工权当它是烦琐的文本，凭借经验和一些约定俗成去做事显然比制度更有效。还有一种情况是制度的制定超越了管理本身。例如，一个企业在实施绩效考核时，运用平衡计分卡作为考核工具，结果大家都没能领悟和掌握这一工具，制定出来的制度更是不知所云，从而形成了制度虚设。

3. 制度休眠

这类企业管理制度像休眠火山一样，虽长期没有喷发，但仍是可能喷发的火山。这类制度在执行时常常会表现出时间分布上的规律性。例如，一段时间内集中做企业文化活动，员工必须得着正装，但是过了一阵就不要求了，有些人仍会在办公室里放置着正装以防万一。再比如公司规定的打卡制度，一开始的时候严格执行，迟到一分钟就会受到惩罚，但之后总有一类人会特殊处理，再后来大家就都不遵守了。突然有一天老板来得较早，发现大部分人都迟到了，全员又开始严格执行考勤制度。制度休眠还表现出在不同员工分布上的规律性。同样的制度，对有的人或某一类人紧一些，对有些人就松一些。常见表现如预算管理制度的执行，遇到预算费用超支问题时，不同部门总监获得领导签字同意的可能性就不一样。这个时候预算制度就并不严格，大家往往会说"制度是死的，人却是活的"。还有一种制度处于长时间休眠状态，比如一家大型国企在进行制度整理时，惊讶地发现很多制度没有相应被废止，也就是说某种程度上还处于正在执行的状况；有些人还在享受某一福利政策，但是新入职的人根本不知道还有这样的制度。这种制度休眠是因为很多时候并未严格标明"此制度出台，原制度废止"之类的语句，即使标明了，也可能被忽视。

还有一类制度是从颁发之日起就处于休眠了。比如某个部门出于解决某个问题的目的，出台了一个又一个愈加严厉的规定，但由于制度根本解决不了问题，或者脱离实际，或者引起员工反感，颁发之后只是被简单传达或者根本没有被传达。那么这一部门出台的这一系列制度，从理论上来说除了最后一个之外，其余的均可视为休眠。

企业管理制度总是失效是很多企业的沉疴宿疾。但是对这一点，很多高管却不认同，他们认为制度失效的根本原因在于员工本身素质低或者是缺乏执行力，忽略了制度本身和系统规划。

力场分析法的提出者库尔特·卢因认为：变革是相反方向作用的各种力量的一种能动的均衡状态，对于一项变革，企业中既存在变革的动力，又存在变革的阻力，人们应该通过分析变革的动力和阻力，找到变革的突破口。"组织胆固醇"固然阻碍了变革发展，但同时也指出了问题所在。在改革优化中有的放矢地进行"康复治疗"，同时利用管理工具、组织干预以及精神领袖等管理方案，会起到立竿见影的效果。

REWRITING
HUMAN RESOURCE
MANAGEMENT

7 SKILLS

F O R

ORGANIZATION

DEVELOPMENT

第三章　组织设计

　　金刚石和石墨的化学元素相同，表现出的性质却完全不同，这源于碳元素之间的不同组织架构。同理，相同的人才，在不同的组织架构中展现出的能量也不尽相同。彼得·德鲁克曾说过：管理的重点在建构一个好系统，让人的长处得以发挥，短处得以被包容。组织设计就是关键的一环。中国现在大多数发展中企业的人力资源问题，多源于组织架构问题。中国正处在一个瞬息万变的时代，一旦战略导向发生变化，而组织结构却没有得到及时调整，人力资源工作就要面临岗位人才不匹配、职能职权混乱等诸多问题，原来的金刚石就有可能石墨化。

　　那么，如何通过前瞻性思考和以从未来看现在的角度进行的组织设计，驱动业务覆盖多元化、不断寻求创新突破呢？

第一节 ┃ 组织设计方略

一、组织架构代表着资源的分配方式

在分析组织演变的时候，普遍存在着两个主要现象：一个是"分久必合，合久必分"；另一个是"滚雪球效应"。

"分久必合，合久必分"：公司组建伊始，完全由核心团队组成，此时分不清股东、经理人、中层甚至员工。当公司稍微成长一些，就分出了业务线，各领一个团队。当企业再大一些，核心团队和股东之间就会出现博弈，管控项目的需求在此时应运而生，公司治理结构就进入整合、分裂、再整合、再分配的过程。当一个企业的内部组织架构频繁变动时，也表示企业正处在战略调整和业务快速发展时期。组织架构的变革必然引起人员的重组和资源的再分配。

"滚雪球效应"：企业的发展都是从无到有的，人员的发展也是从开始的不足到后来的冗余臃肿。很多创业公司就是这样，一旦获得了起始的优势，雪球就会越滚越大，优势就会越来越明显，组织架构也在进行横向纵向的拓展，在这个时候如果进行很好的规划和设置，雪球效应将会形成更大的合力，推动其向规模型企业发展。

在组织发展项目实施的过程中，每次谈到这个问题时都会被问道："什么时机应该分，什么时机应该合？雪球如何越滚越大，而不产生冗余呢？"在此问题上笔者做了深入研究，并设立了几个变革节点和指标，帮助企业在良性发展的前提下进行监控，一旦出现相关问题，可以采取报警设置，及时进行变革管理。

二、管理层次决定组织设计的深度

所谓管理层次，就是在职权等级链上所设置的管理职位的级数。现在的企业组织都有层级、有结构。这样的好处是易于分配资源、分配权力、分配利益。尤其是在奖金分配上，大多数企业按照层级进行比例划分，比如有 100 万元的奖金池，部门经理层级的职位可能要分得 50 万元，主管层级的职位分得 30 万元，专员层级及以下的职位分得最后的 20 万元。通过层级来分配，好处是有一定的分配依据；坏处是一旦有了结构，就会有路径依赖，有既得利益群体，利益少的群体就会有不公平感，产生"不就差了一级，为何差别这么大"等抱怨。当组织要进行变革的时候，因为要保护既得利益，既得利益者就会变成阻力。

各管理层次的设置依据是不同的功能定位，简单地说，其原则是各层级的定位清晰、上下职层之间分工合理即可。麻省理工大学斯隆管理学院提出一种"安东尼结构"（Anthony Structure）的管理层次结构，即最小分为三个层次即可完成组织任务。它们是战略规划层、战术计划层和运行管理层。

表 3-1　安东尼结构

项目 ＼ 层次	主要关心的问题	时间幅度	视野	信息来源	信息特征	不确定的冒险程度
战略规划层	是否上马什么时候上马	3～5年	宽广	外部为主内部为辅	高度综合	高
战术计划层	怎样上马	0.5～2年	中等	内部为主外部为辅	中等汇总	中
运行管理层	怎样干好	周或月	狭窄	内部	详尽	低

战略规划层主要由高层领导人组织，具备视野宽广、任期内稳定、风险担当较高等特点。

战术计划层主要由职能部门的管理层构成，包括各部门经理等。该层人员的主要职能是组织、计划、传递和沟通等。

运行管理层由具体实施人员组成，承担组织运行或直接作业的职能。

设计管理层级设计也许还会有很多层次，但是主要核心的定位由这三个主要层级构成。有很多管理层次的问题，都是源于定位不准。在组织发展项目中，经常遇到高层忙于具体事务；中层自主权较小，疲于开会；基层人浮于事，工作量不饱和等管理层级下移的常见现象，其原因都是管理层次定位不准。组织设计在管理层次设计中的主要原则是：职级可以多，但是管理层次一定要定位精准。

三、管理幅度决定组织设计的宽度

所谓管理幅度，是指在一个组织结构中，管理人员所能直接管理或控制的部属数目。关于管理幅度，历史记载也较多，比较经典的是《史记·淮阴侯列传》。有一次，刘邦和韩信讨论各个将领的能力，刘邦问他："像我这样的人，能够带多少兵？"韩信回答说："陛下能带十万兵。"刘邦又问："那么，像你能带多少兵呢？"韩信自信地说："臣多多而益善耳。"刘邦笑道："既然你带兵的本领比我大，那为什么被我控制呢？"韩信说："陛下虽然不能多带兵，但善于驾驭将领，这就是我被你控制的原因。"

从这个史实来说，职权越大，管理人数未必越多，即管理幅度未必越大。刘邦管理几位核心将领即可统领全国，那作为一个现代企业，究竟管理幅度如何设计才合适呢？

对于这个问题有许多学者和实业家，进行过大量的研究工作。古典管理学派对待领导人管辖人数问题的态度和研究方法，一直是倾向于把有效的管辖人数普遍化，就是想找出一个通用方案并加以普及。但长期调查的研究并未找出一个理想的通用方案，不同人的说法仍然不一致。20世纪初期，军官伊恩·汉密尔顿发现，一般人的头脑在管理3~6个人时将处于最佳的工作状态。一个军士在仅仅指挥3个士兵时并不十分忙碌，但一个陆军中将难以指挥6个师长的活动。伊恩·汉密尔顿最后建议，越接近于整个组织的最高领导人，他的管理幅度越接近 6 个人越好。著名的古典管理学家亨利·法约尔指出，合适的管理幅度应该是最高经理管理 4~5 名部门经理，部门经理管理 2~3 名管理人员，管理人员管理 2~4 名工长，工长管理 25~30 名工人。

亨利·法约尔的观点在一定时间形成了权威。但是随着自动化程度的提高，工厂智能活动盛行，这种观点逐渐被打破，在日本制造业的一个工段长可以管理 50~80 人。但是我国现阶段仍然停留在亨利·法约尔的这个数量级。

四、张弛有度的集分权设计

在权责体系的设计和实施过程中，很多管理者不约而同阐述的一个问题是，在企业运行权责体系时，集权容易，分权容易，但是做到两者平衡却不容易。很多大型企业运用强管控线、直线职能组织架构设计进行集权收缩和把控，而分权型的企业，多采用事业部和母子公司的形式。

在权责体系设计阶段，可以从两个基本权力入手：一个是直线职权，另一个是参谋职权。直线职权也就是指挥权，在组织架构中是在直线的位置上，比如部门负责人；而参谋职权在组织架构中处在支线位置上，比如顾问、经理助理等。也有企业放大参谋职权形成专业的部门，在此不讨论。

直线职权的设计应主要规避两大主要问题，一个是领导者的越俎代庖，另一个是管理者的有职无权。在管理层次和管理幅度设计完备的情形下，条线状管理设计要求层级对接，战略规划层的直线职权到战术计划层为止，而战术计划层下达到运行管理层。很多创业企业的老板精力充沛，经常事必躬亲，但是管理学中提倡的合理授权行为却有利于老板从日常事务中解脱出来，集中力量处理重要决策，同时也有利于激励下级，调动下级的积极性。

参谋职权的设计主要应解决的问题是，秘书类的岗位权力过大，甚至引起不良企业危机等问题。因此，在设计参谋职权时，主要应注意授权适度和适当控制。授权适度是指被授予的职权是上级职权的一部分，而不是全部；对下属来讲，被授予的职权是他完成任务所必需的。对于涉及有关组织全局的问题要慎重考虑，不可轻易授权。而适当控制不是在授权后不断地检查工作，而是在授权之前建立一套健全的控制制度，制定可行的工作标准和适当的报告制度，以及能在不同的情况下迅速响应的补救措施。

五、依托行业特性的块状职能管理——部门化

部门是战略实现的单元，也是职能集中分布的具体表现形式。在职能管理设计时，将企业分为一、二、三线部门，一线部门一般是营销部门，进行增值活动，可直接产生产品效益；二线部门是技术服务部门，为增值活动创造条件；三线部门是后勤部门，为企业人员提供保障。然后在资源、资金、人员之间进行三者的结构分配比例安排，有的是 5 : 3 : 2，有的是 3 : 2 : 1，从而形成组织部门化的设计。

但是每一个企业都属于某一个行业，而行业是社会大分工的产物，现在社会分工越来越趋向细分，所以单纯的一、二、三线部门划分的"三分法"在行业细分中过于绝对。在企业组织设计时充分考虑行业细分，是由现实的产业战略决定的。任何一个企业都不能单凭自己的人力、财力和物力来满足整个市场，这不仅是企业自身条件的限制，从经济效益来看也是不可取的。在细分行业内打造优势，才能扬长避短，强势出击。因此，在部门化设计中，必然要强调组织优势设计。

各个行业的特性产生了五种主要差异，同时也是部门化设计中的主要考虑因素：

1. 企业资源的性质和来源；

2. 市场需求及发展变化；

3. 产品的品类和用途；

4. 工艺和技术；

5. 销售和服务方式。

对于以上五点，在部门化设计时就是对此五项差异的增加、细化、简化、强化的过程。比如电厂企业，电厂的产品就是电能，电能通过电网直接输送给用户。在终端销售这里，就无法像某些行业那样表现出强竞争性。如果采用"三分法"，势必浪费企业资源，因此在进行部门化设计时，应考虑其特点，不出现独立销售部门，将职能比例较小的用户服务职能并入生产，电价管理职能并入财务。这样一来形成一体，既节约企业资源，又能够做到对市场的快速反应。

六、横向协调的最高表现——流程化

企业组织变革的原则和目标是降低运营成本，核心是从职能式管理向流程式管理过渡。现代组织设计越来越趋向于在部门间的横向协调上进行无缝隙的优化，GE的杰克·韦尔奇推出无边界管理，就是想完全打破结构。他的想法是将各个职能部门之间的障碍全部消除，使工程、生产、营销以及其他部门之间能够自由流通、完全透明。他希望以此解决生产的柔性化和机械化之间的矛盾。

很多管理学者提出"水样组织"。比如美国硅谷的企业组织形态就基本接近"水样组织"，员工可以用15%的上班时间做任何与工作无关但可以激发创意的事情，一旦有了创意，其产品创意小组便将拥有非常大的自主权，由各类专门人才专职共同参与，如果成功，就会立即获得高额的奖励。

七、组织设计变革是将石墨金刚石化——每个企业都应该有三套组织架构图

著名管理学者陈春花教授认为："无论传统企业还是新兴企业，组织是否需要变革，最核心的要求是对主营业务的成长空间和领先性进行判断。组织用什么形态，最重要的是看组织在竞争中所处的状态。"很多企业管理者误读了这句话，以为当战略发生重大调整时，才应该进行组织变革，其实在此时进行组织变革已经来不及，因为

组织转型和变革时，必然要面对利益和利益群体的调整。因为组织变革一定要在企业状况良好的情况下进行，并可以对利益牺牲者进行补偿，如果没有补偿行为，出现冲突或倒退现象的概率就会变大。很多企业在组织变革后，都出现了业绩衰退和成长的阵痛。

在这个模式无限翻新创造的时代，每一位企业管理者，心中时刻都应该有三套动态的组织架构图：过去组织架构图、现在组织架构图和未来组织架构图。像IBM、微软、谷歌这类企业为何在裁员管理、组织变革等企业转型行为中，反而比一些小型企业容易，就是因为他们已经在长期的企业经营中注入了变革的基因。这种大企业一般都有一部分预留的现金或者短期债券的储备作为变革风险成本，使得业务及时快速转型。这些企业多鼓励组织自我调整，不停地进行变革探索。新东方创始人俞敏洪先生的一句话可以作为组织时刻等待变革的原因："宁可在改革的路上死掉，也不愿死在原来成功的基因里。"

第二节 ┃ 8 类组织架构的基本形式与特征比较

组织部门化是劳动分工在组织内部的体现，它将组织工作依据一定的标准进行了归类，既符合活动专业化的分工要求，也能够充分有效地发挥员工的才能，调动员工学习的积极性。按照划分标准不同，可分为职能部门化、产品或服务部门化、流程部门化等。

一、组织的职能分解和部门化

一个组织有基本的四大功能，即定位功能、目标功能、协同功能和制约功能，分别对应在部门结构、职位结构、信息结构、职权结构的设计中。很多组织功能不健全，即这四大功能中的某一种功能或某几种功能缺失。当这四大功能不完全时，不能称之为组织。组织设计是以实现组织四大功能为前提的组织发展活动。如能以最优最简的方式来实现组织四大功能，就会被称作优秀的组织。

功能决定结构，因此，要将结构固化下来，就需要对组织职能进行分解。

"逐级分解"，直到出现"部门和岗位"。岗位是承载组织目标的最小单元，而部门是一系列相关目标的集合。职能分析工作所列出的具体职能是一级职能；为完成一级职能而必须开展的几个方面的管理为二级职能；而将二级职能分解，就可具体化为业务活动。也有些职能可以分解到三级职能、四级职能。无论哪一级职能都能形成部门，都有机会部门化。

不同的职能分析产生了不同的部门化，因此丰富了组织架构的不同形态。

部门化即企业活动分组，按照一定的职能分析方式，将相关工作活动予以划分和组合。在组织设计方面，OD 需要反复考虑的是设置多少个部门；每个部门的定位、目标、协同和制约都是什么。

二、职能分解方法

职能分解是在基本职能设计的基础上，将企业应该具备的各项基本职能细化为独立的、可操作的具体业务活动。运用组织理论的基本知识，采取"逐级分解"的方法，即可完成职能分解。

在职能分解之前须对企业的各项业务与管理工作进行排列，并编制职能、职责调查表。通过职能调查，能够了解不同企业内部职能设置的内容。例如，通过职能调查，企业可了解运营部的职责范围、与其他部门的关系及协调原则，并最终对运营部在企业中的地位形成正确认识。

方法一：按行业的特点进行设计和调整

行业的特点是非常明显的，行业的共性是组织设计职能分解重点考虑的对象。在这个方法下，通常需要四个问题。

（1）是否有必要增加新的基本职能；

（2）是否有必要细化某些基本职能；

（3）是否有必要简化某些基本职能；

（4）是否有必要强化某些基本职能。

方法二：根据企业外部环境分析设计

企业外部环境是对企业外部的政治、社会、技术、经济环境的总称。

随着与外界交流活动的增多，企业必须扩充基本职能的业务内容，所以这一方法主要考虑外部环境变化与组织职能的对应关系。

比如，为了加强与外界的交流，专门设置承担对外联系职能的部门等。

方法三：根据企业规模分析设计

企业规模一般分为特大型、大型、中型、小型和微型。

规模大的企业，业务活动量大。只有细化专业分工，才能提高工作效率，这就必然要求将基本职能细化。面对不同的企业规模，职能设计划分的方法不同、指标不同、范围不同。

综上，组织设计人员应在熟悉特定企业生产经营管理的实际情况与经验的基础上，通过职能分解，将各项职能具体化，使之可执行、可落实，为业务活动归类和部门设计以及后续的其他组织设计工作提供前提条件。

部门的形成过程是一个复杂且长期的过程。很多企业都在这个过程中省略了很多内容，直接形成结果。虽然有经验主义之嫌，但是在组织运营规律中，八类组织架构被经常提及并应用。

三、组织部门化的基本形式与特征比较——按职能划分的部门化

按组织的职能为基础进行部门划分，即把具有相同职能的工作岗位放在同一个部门。职能部门化是一种传统而基本的组织形式，职能是互相联系的活动，几乎所有的公司组织都是按职能划分的部门，按职能划分部门是最基本的、首要的方法。

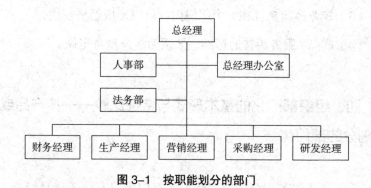

图 3-1　按职能划分的部门

1. 优点

（1）管理权力集中，便于实施严格控制；

（2）避免人力和物质资源的重复配置；

（3）有利于强化专业管理，提高工作效率。

2. 缺点

（1）导致员工重视方法和手段而轻视目的和成果；

（2）横向协调性差；

（3）企业领导负担重；

（4）不利于高级管理人员的全面培养和提高，也不利于"多面手"式人才的成长。

3. 适用

（1）产品类别区别不大，销售的目标市场相同；

（2）产品开发和生命周期较长；

（3）专业经验整合在一个部门内，可以形成经济规模；

（4）产品／服务为普通标准，无须为客户量身定做。

四、组织部门化的基本形式与特征比较——按产品或服务划分的部门化

按产品或服务划分的部门化，各部门可以专注于产品经营，并且充分合理地利用专有资产，提高专业化经营的效率水平，这不仅有助于促进不同产品和服务项目间的合理竞争，而且有助于比较不同部门对企业的贡献，有助于决策部门加强对企业产品与服务的指导和调节。

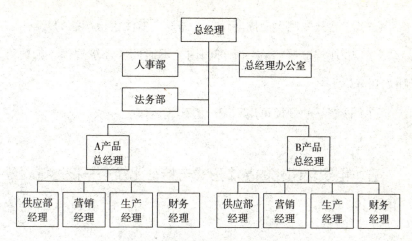

图 3-2　按产品或服务划分的部门

1. 优点

（1）有利于围绕该产品业务发展；

（2）在多种经营的集团中有利于权力下放，对不同的业务实施不同的管理模式；

（3）有利于新产品的成长，不会被成熟业务挤垮。

2. 缺点

（1）企业需要更多的"多面手"式人才去管理各个产品部门；

（2）各个部门同样有可能存在本位主义倾向；

（3）部门中某些职能管理机构的重复会导致管理费用的增加，同时也增加了总部对"多面手"式人才的监督成本。

3. 适用

（1）企业有不同的产品、针对不同的客户（如宝洁、百盛）；

（2）产品开发和生命周期较短，需专人专注于该产品的开发；

（3）专业经验整合在一个部门内，不能形成经济规模（如销售炸鸡和可乐）；

（4）该产品的规模可用利润中心模式运作。

五、组织部门化的基本形式与特征比较——按地域划分的部门化

地域部门化是根据地理因素进行分割，把同一地区或地域内的业务经营活动和职责集中起来，划分给同一部门的过程。这一形式充分利用和整合了同一地区的人力资源和财务资源，以获取区域经营效益的最大化。

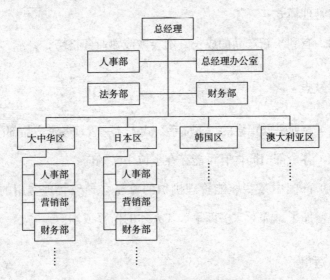

图 3-3　按地域划分的部门

1. 优点

（1）有利于及时送货并降低运输成本；

（2）有利于捕捉更多的客户（如麦当劳连锁店等）；

（3）有利于积累当地客户信息（销售部常常按地域分布）。

2. 缺点

（1）企业所需的能够派赴各个区域的地区主管比较稀缺，且比较难控制；

（2）各地区可能会因职能机构设置重叠而导致管理成本过高。

3. 适用

（1）产品本身价值和运输价值相对较低；

（2）必须上门完成的服务；

（3）要求离客户近以便运输和维护（如杂货店、玻璃制品或冷冻食品企业）；

（4）必须在当地设立结构（如边境、机场免税店）的服务。

六、组织部门化的基本形式与特征比较——按顾客需求划分的部门化

就是根据目标顾客的不同利益需求来划分组织的业务活动。在激烈的市场竞争中，顾客的需求导向越来越明显，企业应当在满足

市场顾客需求的同时，努力创造顾客的未来需求，顾客部门化顺应了需求发展的这一趋势。

图3-4　按顾客需求划分的部门

1. 优点

（1）有利于从客户需求出发进行产品/服务的组织；

（2）满足客户要求（目前企业采购整合的趋势使"大客户"更具谈判实力，要求供应商有专职部门为其提供服务）；

（3）有利于积累行业知识和客户经验。

2. 缺点

（1）可能会增加因与顾客需求不匹配而产生的矛盾和冲突；

（2）需要更多能与顾客沟通和协调的人员；

（3）顾客需求偏好的转移将对企业产生影响。

3. 适用

（1）客户类别非常重要（如银行分私人和企业类客户）；

（2）对不同类别的客户有不同的产品或服务政策；

（3）客户有很强的谈判实力（如麦当劳、家乐福等）；

（4）对客户的了解构成明显的优势，需要专人从事；

（5）客户要求变化大，产品周期短。

七、组织部门化的基本形式与特征比较——按流程划分的部门化

流程部门化又称过程部门化，是指组织（如加工单位）按生产过程、工艺流程或设备来划分部门。各企业根据自身独特的经营或生产特点来设置部门化。

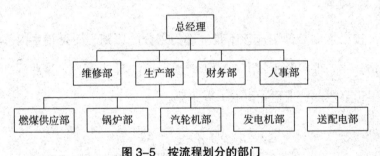

图 3-5　按流程划分的部门

1. 优点

组织能够充分发挥集中的技术优势，易于协调管理，对市场需求的变动也能够快速敏捷地做出反应，容易取得较明显的集合优势。另外，简化了培训，容易在组织内部形成良好的相互学习的氛围，会产生较明显的学习经验曲线效应。

2. 缺点

部门之间的紧密协作可能得不到贯彻，也会产生部门间的利益冲突。另外，权责相对集中，不利于培养出全才型的管理人员。

组织结构的灵魂是基于流程的管理，而管理流程中的职能部门一般既是关键控制点，同时也是核心部门。

八、组织部门化的基本形式与特征比较——按渠道划分部门

按渠道划分部门应该不是大部门划分的原则，而是销售内部的事情，比如很多企业分出 KA（Key Account，重点客户）事业部、传统渠道事业部、工程（团购）事业部。

图 3-6　按渠道划分的部门

按销售渠道划分部门与按顾客划分部门有类似之处：后者侧重于最终顾客（消费者或用户），前者侧重于将产品分配至最终顾客所要经过的中间商。

九、组织部门化的基本形式与特征比较——按项目划分部门

按项目划分部门多见于新企业或者工程企业,根据新设立的项目需求设立项目管理制,比如设立项目1部、项目2部。

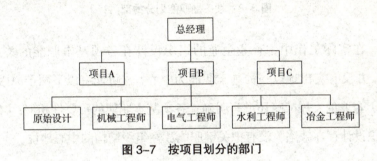

图 3–7 按项目划分的部门

企业根据工程项目或规划项目之类的工作任务来划分部门,各部门通常由各类具有专门技能的专家所组成。

十、组织部门化的基本形式与特征比较——按关键职能划分部门

组织机构为突出关键职能、整合组织力量、集中资源完成主要工作、提高劳动生产率,采取按关键职能的方式设置组织的部门化,以完成经营目标。

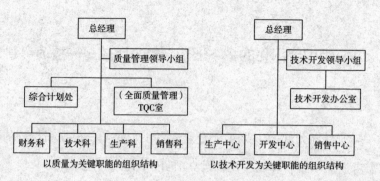

图 3-8　按关键职能划分的部门

在实际工作中，有些企业的组织设计在各项基本职能的关系上，并没有突出地以一种基本职能为中心，这可能有以下两个原因：（1）企业的发展战略还没有明确，各项基本职能的重要性相似；（2）组织设计存在缺陷，没有把关键职能放在组织结构的中心地位。

这八类组织架构成为组织架构的宝典，可供 OD 进行选择利用，甚至可以综合应用，复合型的组织架构也是由各个组织架构融合而成的，但万不可四不像。组织能成为一门独立的学科，必然有其规律可循，遵循规律的结果就是对管理进行有效的预期。由"拍脑袋"行为产生的组织运营成本是无法用利润估计的。

第三节 ┃ 组织设计的四个阶段

认识了组织设计的五大维度和八类组织架构后，OD 即可着手组织设计项目工作。组织设计一般会被 OD 认为最核心的技能，因为组织设计过程就是组织变革的过程。组织设计大致需要经历四个阶段，即规划、模块设计、整合以及实现。

一、规划阶段

规划阶段是整个设计工作的开始和设计工作的基础。此阶段的主要任务是规划组织设计的内容，并确定组织设计的原则、目标和及时性。

在确定设计的内容之后，在规划阶段需要完成的另一项重要任务是确定设计的原则。此时制定的原则需要符合企业组织的实际情况，并应针对企业存在的实际问题或企业高级管理层的未来规划。为此，设计人员需要仔细分析设计环境。

企业必须首先分析设计工作所面临的外部环境，这通常是企业的外部环境。如企业的外部内容是什么，它们具有哪些特征，这些特征对组织发展有何影响，企业组织应如何应对这些影响，等等。这是分析外部环境时必须考虑的重要问题。

此外，组织本身的某些特征也是组织设计的环境，它也影响着组织设计过程，如规模、文化、生命周期等。我们称之为组织设计的内部条件。

OD 应充分考虑组织设计的外部环境和内部条件，并通过分析这些因素的特点，制定整个设计工作应遵循的原则，并确定设计的方向。

此外，管理人员需要在规划阶段为整个设计工作制订详细的目标和工作计划。

二、模块设计阶段

模块设计阶段是指根据规划阶段确定的设计内容、原则和目标，为企业组织设计具体模块的阶段。

本书将企业的组织设计分为五个模块：架构、流程、权限、绩效管理和激励。根据计划，企业可以设计一个或多个甚至所有模块。

组织架构是企业组织设计中最重要的模块之一，它决定了企业组织的整体形态。通过这种架构，企业组织具有活动框架，并且可以执行各种功能并履行组织的使命。组织架构的设计者需要根据公司的使命按照一定的标准对所需的功能进行归类和划分，将功能集合固化为部门，建立部门之间的关系，从而实现组织。这是架构设计的总体思路和方法。通过架构设计，我们应当能够为组织绘制详细的组织架构图，并通过它来解释组织中的部门分布和部门之间的关系。

流程是企业组织设计的第二大模块。所谓的流程是指"谁"以及"如何"完成特定的业务。设计过程应该详细反映三个主要信息：第一，业务需要经历的逻辑步骤，如本节所述的企业组织设计所需的四个步骤——规划、模块设计、整合和实现；第二，每个阶段的负责人或特定的运营商；第三，传输伴随业务的信息，即业务流程伴随的信息流。对流程管理的深入研究为流程设计人员提供了各种可用选项，但无论使用何种方法，流程设计的结果都应反映在上述三个主要信息的业务流程图中。通过此流程图，操作员可以清楚地看到谁在执行流程的哪个步骤，谁应该从谁那里获取哪些信息，以及谁应该提供哪些信息。

组织设计的第三个模块是权限的设计。该模块设计的主要目的是实现组织中权限的合理分配和控制。我们需要设计一种符合组织特征的权限分配方法和方法。另外，必须控制权力的分配，否则权力将在失去控制的情况下引起组织混乱。因此，在组织权限的设计中，还需要研究如何有效地控制分配的权限。通过分配和控制手段的配合，设计人员可以完成权限模块的设计。

企业组织设计的另一个重要模块是绩效管理设计，其目标是为企业内不同级别的组织、部门甚至个人制订详细的绩效管理计划。绩效管理模块需要从四个方面来设计。第一，如何评估公司的整体绩效。公司的高级人员可以从管理者的角度评估自己的绩效，集团式企业可以从母公司的角度衡量子公司或分支机构的绩效。第二，如何评估部门的绩效。所谓的部门是指公司中包含的各个职能部门。虽然不能独立核算，但其绩效评估和管理仍然非常重要。第三，如何评估个人表现。以人为本的绩效评估是我们通常所说的评估。在收入和绩效挂钩的情况下，评估体系的合理性将直接影响员工收入的公平性。第四，如何评估过程的表现。流程的绩效与部门绩效相关，管理流程是实施流程管理的公司的新需求。

模块设计的最后一部分是激励设计。其目的是商业组织开发各种类型的激励机制。企业组织激励不应仅仅是一种临时激励，而应该是一个系统。

三、整合阶段

整合阶段的目的是使组织的设计与企业的特定因素相匹配。可以从三个方面来检查这种匹配的程度。

首先，检查组织设计与组织战略的匹配程度。组织设计计划是否与企业的开发策略相匹配是整合过程中需要考虑的首要问题。我们将此整合称为基于策略的组织设计整合。企业的各种系统和结构必须以策略为出发点进行安排：有利于实现其战略即合理的，反之亦然。组织设计也是如此，它必须与公司成功设计的策略保持一致。因此，在不同类型的策略下，我们的最终设计应具有不同的特征。

其次，检查组织设计适合组织环境的程度。企业生存的外部环境是不断变化的，对于生活在不同环境中的企业，其组织所需的特征也是不同的。我们将研究组织特征与环境特征之间匹配程度的整合过程称为基于生态系统的组织设计整合。企业首先需要认识到他们在生态系统中扮演的角色，然后根据这些角色的不同要求开发不同的功能。从组织设计的角度出发，根据角色的特征调整组织设计，以匹配组织在系统中的定位。

最后，检查组织设计与组织类型的匹配程度。不同类型的企业需要不同的组织，我们将检查组织特征和组织类型之间匹配程度的过程称为基于类型的组织设计整合。企业规模特征对企业组织设计的影响非常明显。因此，企业集团、上市公司和中小企业等不同规模的企业体现了不同的组织设计特征。企业集团的组织设计需要在很大程度上考虑母公司与子公司之间的关系，上市公司的组织设计需要强调企业的治理结构，而中小企业由于规模小，主要要在设计中反映出其组织的灵活性等特点。基于类型的组织设计整合基于对这些类型企业特征的认识，使程序化的组织设计与企业类型的特征相匹配，从而最大限度地发挥组织设计的作用。

基于战略、生态和类型的组织设计整合是企业组织设计中不可或缺的一部分。它实际上是最终实施之前对设计方案的最后评估和改进，是确保设计质量的有力手段。值得注意的是，整合阶段需要高级管理人员的参与，否则所谓的整合将失去其原有的意义，成为一个简单的审查。

四、实现阶段

在设计了理想的架构、流程、权限、绩效管理和激励计划之后，企业面临的问题是如何有效地将这些先进的解决方案应用于日常管理实践，以便真正提高业务绩效。从纸张上的解决方案落地到真实的企业组织，这种转型过程称为企业组织设计的实现。

在实现这一阶段，OD 有两个问题需要解决——实施过程和实现的阻力控制。

在组织设计开始真正实现之前，企业管理人员应明确定义实施过程并制订详细的实施计划。设计的实现是一个大项目，它是不同于规划、模块设计和整合阶段的独立操作，涉及企业的所有部门甚至每个员工。正确的实施步骤可以帮助管理者成功完成整个计划的实施，而错误的实施步骤则可能导致组织设计的实施失败。根据该实施步骤，管理者还需要提前提出实施计划，明确每个阶段的主要任务是什么，以及主要目标是什么。它相当于一张地图，指导参与组织设计的部门和工作人员逐步实现总体目标。

从另一个角度来看，了解组织设计实施过程和制定详细的实施进度也是控制实施过程中存在阻力的有效手段。

实现不仅仅是将解决方案应用于企业，它也是一个测试设计的过程。评估和修订应在设计初步实施后进行。评估由两部分组成：设计评估和设计过程评估，此过程类似于公司的内部审计。首先，需要评估新计划是否已达到预期目标，确定通过初始实施所暴露的问题以及需要改进的问题；其次，评估人员需要评估整个设计过程，如有效性、合理成本等，通过评估，检查企业在组织设计中采用的设计步骤和方法是否合理。通过对这两个方面的评价，不仅可以改进现有方案，而且在未来的组织设计工作中也可以起到参考作用。在此之后，公司需要纠正评估中暴露的问题，或修改现有的组织设计，或改进组织设计的过程。

设计方案的评估和修订构成了组织设计的周期性过程，组织设计方案在周期中不断得到改进。

五、组织设计的周期控制

1. 周期控制的原因

在企业组织设计过程中，设计周期的有效控制与否对设计成败有决定性影响。

首先，组织设计时间过长可能会给全体员工带来疲劳，并增加实施的阻力；其次，设计时间过长会降低设计质量，无法匹配外部环境的变化。

在控制阻力和确保质量的双重压力下，OD 需要在最短的时间内控制设计周期，以更快地完成整个组织解决方案的设计和实施，这是组织设计的需要。

2. 周期控制方法

（1）优化设计团队

一般，在组织设计过程中直接参与设计的通常包括两个临时组建的团队：控制委员会和设计团队。有时甚至会有更高层次的企业管理层出面动员和推进整个设计过程。控制委员会通常由各方面的高级管理人员组成，其主要功能是定义核心设计问题、确定设计团队的人员构成、确保设计过程所需的资源、获得股东支持、审查设计团队的建议以及从始至终对设计过程整体把握。设计团队通常由公司 OD 和内部各部门的 6~10 名员工组成。团队通常需要 4~6 个月的时间来规划企业组织设计的外部环境和内部条件分析，然后执行五个模块或某些模块的具体设计，接着将该过程的计划报告给控制委员会进行审查和修订（即整合），经控制委员会批准后，该计划一直实施，直至组织正常运作，并根据实际需要进行适当的组织调整。

在优化设计团队的方法中，企业根据应用组织设计传统流程时出现的具体问题，经常采用多种方法对传统流程进行小规模修改，以加快设计流程。

（2）分层组织设计

在分层组织设计方法中，组织设计控制委员会主要负责设计的规划阶段，并对整个组织在设计过程中需要体现的各种特征进行广泛的描述。此宏观设计工作仅决定组织的高级架构和系统，如新的部门边界、团队结构、信息系统等。之后，设计任务将转移到下一级的各个单元或部门，他们负责实现部门宏观设计中提出的各种组织特征。我们将这种较低级别的设计过程称为组织设计的微观层面。

要成功应用分层设计方法，组织设计控制委员会的成员就需要长时间会面。因此，控制委员会成员必须能够将其他许多日常工作交给其他工作人员。与此同时，其他员工必须同意控制委员会作为决定组织整体设计的机构。此外，控制委员会必须关注对组织设计真正重要的问题、特征和原则，并控制可能影响整体设计风格的问题出现，从而为微观设计提供更宽松的环境。

（3）大型会议讨论

在大型会议讨论方法中，来自组织各部门和各级的大量员工志愿者组成一个组织设计团队，通过一系列相关会议，在很短的时间内完成规划、数据分析以及组织的设计和实施计划的制订。一些关键的外部人员，如核心客户，也应该被邀请参加这一系列的会议。

这种大型会议讨论方法能够加速组织设计进程的原因是该组织各方面的代表在同一时间共同开展设计。关键局外人的参与使会议能够与组织更紧密地结合在一起。

OD 的组织设计技能最后的核心体现是《组织手册》的建立，这一手册能够综合展示 OD 的能力。组织手册用物说明组织架构目标、权责关系和职务说明等，它有助于促进职责及其相互关系的了解，并为进一步研究组织问题提供依据。不同组织有不同的组织手册，格式并不相同，因此非常考验组织设计技能。

组织设计不是一蹴而就的，它是一个动态的、不断修改和完善的过程，在组织这行中，必须会暴露出许多矛盾和问题，但也会获得有益的经验，这一切都应成为反馈信息，促使 OD 重新审视原有的组织设计，并酌情进行相应的修改。

第四节 ┃ Google 组织创新设计

一、Alphabet 重组 Google

2015 年 8 月，Google 宣布成立一个母公司 Alphabet，原谷歌保留搜索、地图、视频等核心业务成为下属子公司；其他非核心业务，包括研究血糖监测的 Life Sciences、专注于延长人类寿命的 Calico 等，都将成为独立子公司。重组之后，谷歌在纳斯达克上的名字也将改成 Alphabet，获得谷歌相应的股权数量和权益，以及股票代码。

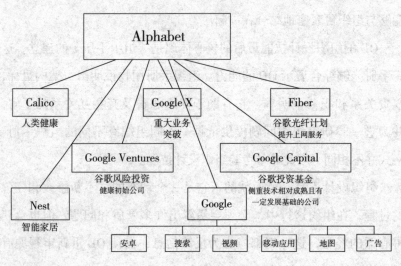

图 3-9　Alphabet 架构

财务控制是 Alphabet 的管控形式，它以此管理众多参股公司。这种方式对传统的集团型企业来讲非常常见，但是对原来的谷歌来说，这既是"降级"，又是"削权"。

二、"传统互联网"公司的创新者窘境

谷歌是互联网时代最成功的公司之一，从车库创业到技术世界的顶端，这是一个激励人心的故事。但正如一个人随着年龄和经历的增长，身上的锐气与棱角会逐渐消磨，企业也是如此。随着谷歌的壮大和扩张，也不可避免地遭遇"创新者的窘境"，这一点在Google+ 和谷歌眼镜两个产品上得到了充分体现。

2011 年推出的 Google+ 是一款社交网络产品，它被定位为"Destroy Facebook"、进军社交网络的拳头产品，被寄予厚望。当时，Google 可谓倾尽全力推行 Google+，不仅将 Gmail、YouTube 等多个产品线融入其中，还因此取消了许多项目——这导致了一些员工的不满和相继离职，最终却事倍功半。Google+ 虽然拥有 22 亿注册用户（大部分是 Gmail 的账户），但是据 Anderson 研究数据显示，其中仅有 9% 经常公开发表状态，而且有高达 99.7% 的内容来自 YouTube同步过来的评论，并非 Google+ 原创信息。另一个案例就是"雷声大雨点小"的谷歌眼镜，它在面世时曾一度引发全球可穿戴智能设备的热潮，外界对其报以极大的期待，但市场反应令人大跌眼镜：除了外形设计遭到吐槽，它的实用性、安全性等也广受质疑。折腾了好几年，最终也只是成为科技发烧友的收藏品或者自拍爱好者的"拗

造型"利器，上市四年总共只卖出 2.4 万副。2015 年 1 月，Google 宣布该产品一代停产，谷歌眼镜黯然收场。

事实证明，无论历史多么辉煌，当新浪潮到来时，企业都很难逃脱"被传统"的命运。辉煌了 10 年的谷歌，也逐渐变成了一家"传统互联网"公司。Google+ 和谷歌眼镜的失败并非偶然。事实上 Google 工程师的每一次尝试不仅面临着预算和自由度上的桎梏，还需要考虑和现有产品的整合。同搜索引擎、YouTube、Gmail 等核心产品身处于同一体系之下，就必然会面临这样的问题，未来的新兴项目也极可能重蹈覆辙。

穷则变，变则通，通则久，要想一直矗立于浪潮之巅，必须先从自身找到变通的方向。

三、Alphabet 的"一箭四雕"

1. 新兴领域的自由发展

一个新兴的产品应该把自己的定位放在如何接触新目标用户上，而不是将客户从其他平台上转移过来。就像 Google+，过度依赖谷歌原有平台的用户导流，导致发展方向的迷失和最终的失败，最后只能成为核心业务的鸡肋。新产品需要一段时间的沉淀、试错、改进，这个过程是痛苦的，也是极有价值的，因为这样才能真正考验产品的被接受度，使产品找到自己的目标群体以及产品方向。

因此，笔者经常建议一些创业者在创业初期合理利用资源，不要过度依赖原有平台。等到自己的产品和服务发展思路清晰之后，与原平台资源的对接才可以起到比较大的推动作用。像国内 BAT 这些巨头，也都是在创业产品晚期、产品比较成熟时，再进行接入导流。互联网公司的内部创新也同样如此，谷歌的新兴产品经过早期的自由发展、验证成熟后，再接入大的 Alphabet 生态圈中，无疑会引爆更大的市场。

2. 走出"品牌 VS 产品"的困境

当谈到谷歌时，我们都知道它是世界领先的搜索引擎。但是在 Google 一系列的"不务正业"后，让用户产生了"认知错位"，反而削弱了品牌专注度和美誉度。用户会疑惑，"Google"到底是一款产品还是一个品牌呢？这也正是一个公司成长中要面临的选择：让"Google"定位为一个品牌还是一个产品？例如，阿里巴巴是公司品牌，淘宝、天猫、蚂蚁金服是产品；腾讯是公司品牌，QQ、微信是产品。如此看来，百度和京东将来在创新中也会面临这一问题。

新结构是解决这一错位矛盾的关键。将来，Alphabet 会是一个公司品牌，代表引领创新、高科技，而 Google 则是产品，是"全世界最领先的搜索引擎"。

3. 激发员工创新热情

在整个硅谷中，Google 工程师们的薪水是相当高的，更有其完善、高规格的福利体系，但是没有机会像硅谷的技术牛仔们那样，通过出售自己的产品或专利一夜暴富，于是"大公司病"也逐步显现出来。拉里·佩奇在公开信中强调，这次重组为公司内部员工提供了额外的机会。未来，Alphabet 下属的新兴业务将采用类创业合伙人的模式，每一个新孵化的产品都可以单独上市，而工程师则有机会获得公司的股份，获得个人财富的激增。

4. 保证股东利益

谷歌经常被华尔街指责"不专注、不透明"，主要原因是谷歌的非核心业务高度不确定，且与自己的核心业务相去甚远。这些非核心业务更像是一个个创业项目，存在一定的风险，也有可能对核心业务产生不可预知的伤害（社交和硬件的失败影响了 Google 的股价）。通过对这些业务的财务独立，让它们出具单独的财务报表，能更好地保障股东利益。

如今，重组快两年，Alphabet 的 2018 年第二季度总营收为 327.58 亿美元，比去年同期的 260.07 亿美元增长了 25.95%。

第五节 ｜ 小米组织发展历程：传统企业组织设计进化标杆

2018年5月3日，小米向港交所提交IPO申请文件，7月9日，小米正式在香港挂牌上市。小米用了八年时间从一个名不见经传的小公司成长为一家有着千亿级市值的超级公司。

小米这种独角兽企业究竟是以什么样的组织架构支撑其快速发展的呢？

一、扁平化是小米初期组织架构的特点

作为一家初创公司，小米为了能向广大发烧友提供极致的产品，在管理上奉行极致的扁平化，整个公司只有"创始人——部门Leader——普通员工"三层组织架构。公司的最核心是围绕在雷军以及总裁林斌周围的创始人团队，各创始人直接负责相关业务部门，各业务部分内部只有一个没有职级的Leader。

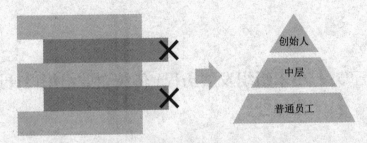

图 3-10　小米初期组织架构示意

这一扁平化架构体现了以下优势：

- 适应市场变化的能力长足提高；

- 分权管理为主，权力中心下移，提高决策效率；

- 节约管理成本，优秀的人才资源更容易成长。

二、迅速迈入事业部制是小米初期发展速度的体现

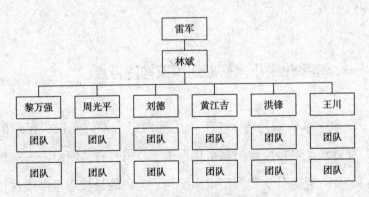

图 3-11　小米迈入事业部制

随着小米的发展，其整个管理团队相对于创业初期已经庞大了不少，之前的三层扁平化管理方式也显现出其弊病——扁平化将无

限消耗核心人员的精力。因此，雷军在这个阶段提出小米要去扁平化，告别三层架构，迈入事业部制。另外，小米公司员工职级评定也自此开始了。

三、生态链是小米大肆扩张阶段的首选模式

随着小米的发展，事业部制管理方式的弊病又显现出来，使得其无法大肆扩张。在手机以外的智能产品发展起来后，小米选择向外扩展——投资生态链公司。在生态链的架构下，小米可以在维持自身精简的组织架构的前提下，最大限度地渗透到智能家居等方方面面。

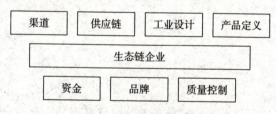

图 3-12　小米生态链架构

针对生态链投资合作企业，小米为其提供了最为核心的供应链、营销渠道、软件服务等平台支撑，通过整体采购、软件能力输出等方式降低合作企业的研发门槛和硬件成本。

四、局部的频繁调整是小米的组织常态

2017 年，原先负责小米网的林斌转而兼任小米手机部总经理，直接向雷军汇报。原负责小米市场和小米影业的黎万强改任品牌战

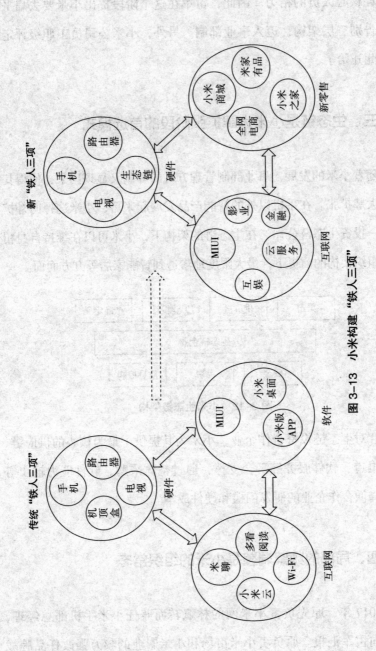

图 3-13 小米构建 "铁人三项"

略官，同时出任顺为资本投资合伙人，强化小米和顺为在投资领域的协同布局。市场部日常工作由副总裁梁峰负责。洪锋、刘德、王川和祁燕被任命为公司高级副总裁。在组织结构上，小米网改名销售与服务部，汪凌鸣被任命为公司副总裁兼销售与服务部总经理，接替林斌的工作，直接向雷军汇报。同时，智能产品部并入生态链部，唐沐被任命为生态链部副总裁，向刘德汇报。组织的局部调整是优化职能布局、提升组织效能的表现。但是同时也对文化和员工的考验很大，很多互联网企业都拥有变革的基因，频繁调整是"家常便饭"。

五、2017 年发展互联网和新零售模式，构建新"铁人三项"

硬件生态链＋新零售是小米生态最具扩展性的板块之一。

这是小米的一次战胜升级，从而使小米上升到了一个崭新的发展阶段，组织也因此发生了一系列的变化，从此，小米开始问鼎 IPO。

小米在 IPO 前夕迎来了新一轮的人事调整。2018 年 4 月 27 日，小米科技创始人雷军通过内部邮件宣布了一项重要任命——任命 CFO 周受资为公司高级副总裁，联合创始人周光平和黄江吉辞去公司职务。

"同股不同权"也是小米治理结构的特点。在这一制度下，小米创始人雷军持股逾三成，但其表决权比例超过 50%，实现对公司的最大自治管理权。

　　一个公司在八年内从零走到上市，其组织体系一直没有脱离战略。最开始的扁平化结构适应初创期特点；在发展过程中主动分权，快速打造成多事业部制；当外部供应系统过多时，又积极转向生态链，增加组织的容纳性和柔性。频繁的局部调整保证柔性发展，不僵化不固化，非常适合当期战略方向。

　　小米在上市前，调整治理结构、优化经营层、配置股权、强化控制权，这些都是组织职权里的常规调整。可见，小米一路走来，其组织发展也成就了"小米速度"。

REWRITING
HUMAN RESOURCE
MANAGEMENT

7　　　S　K　I　L　L　S

F　——————　O　——————　R

O　R　G　A　N　I　Z　A　T　I　O　N

D　E　V　E　L　O　P　M　E　N　T

第四章　组织评估

　　将组织看作一个自然有机体，其发展过程就是一个自然生长的过程，当组织发展到特定阶段，就需要与之匹配的组织结构。因此，定期发起组织评估项目，对整个组织做系统性的现状和问题梳理，同时评估组织能力的提升情况，有利于积极应对公司战略转型对组织带来的挑战。而忽视组织有效性评估的做法也会带来组织的困惑和失败。

　　那么，如何根据公司不同阶段的需求，启动个性化的评估项目？

第一节 ┃ 组织能力的 14 项指标及衡量方式

戴维·尤里奇教授认为，人力资源转型应该有两种类型的结果：第一种是"符合利益相关者的期望"；第二种是提高组织能力。他认为，人力资源转型应该改变企业的基本特征、文化或企业形象，并称这种人力资源转型的成就为组织能力的定义和创造。戴维·尤里奇教授介绍了跟踪"组织能力"的 14项指标内容。

组织能力代表企业了解什么、擅长什么，以及如何构建行为模式以提供价值。投资者关注的大多数无形资产都是由组织能力来定义的，组织能力还决定了客户关心的企业品牌以及塑造员工行为的企业文化。因此，我们可以、并且应该通过测量和跟踪来监控组织能力。

戴维·尤里奇教授认为，14 项组织能力指标分别是：人才、速度、共同的思维模式、问责制、协同、学习、领导力、客户连接、创新、战略一致性、精简、社会责任、风险、效率。

一、人才

人才安全不仅意味着"人才是我们最重要的资产"和"战略跟随人才"，还意味着为顶尖人才投入的时间和资源。

员工必须具备公司业务所要求的能力并认可公司。有能力的员工有能力满足当前和未来的业务需求。认可公司的人通常会使用这些能力，并且相信他们会一直这样做。

领导者可以评估他们的组织在吸引和留住顶尖人才方面的表现，并评估这些人员如何尽最大努力获得最佳绩效。可以通过以下方式跟踪员工能力：

评估具有当前和未来工作所需技能的员工比例，将当前员工状态与竞争对手进行比较，并衡量员工生产率指标，这些指标是投资于员工的单位产出。

有一家公司跟踪被猎头公司所瞄准的员工数量，因为它代表该公司拥有高潜人才储备。另一家公司则邀请投资者来访，他们可以向任何员工询问与公司战略、产品和财务状况相关的任何问题。这种业务熟悉度测验给投资者留下了深刻印象，因为他们可以从一线判断员工的能力。

二、速度

获胜的速度可以使公司从平庸转变为快速敏捷。"速度"意味着组织可以快速识别和进入新市场，快速开发和交付新产品与服务，快速与新员工建立合作伙伴关系，并快速实施新的业务流程。

领导者可通过以下方式在组织中构建此功能：集中精力快速、严谨地制定决策，在组织内部实施变革流程，消除变革障碍，消除限制变革的其他因素。

"速度"可以多种方式追踪，而这些方式都关乎时间。时间则可从以下方面衡量：从构思到实际销售的时间，从试制到正式推出新产品的时间，从客户数据收集到调查结束的时间，产品从出厂到销售终端的时间，生产量从小批量生产到大规模生产所需的时间，管理层从提案变为实施所需的时间等。

库存周转率的增加意味着有形资产的利用效率得到提高。同样，通过加快"速度"可以节省时间，这不仅意味着企业可以在劳动生产率方面节省成本，而且还表示企业的反应能力得到了提高，在竞争中将赢得更多机会。

三、共同的思维模式

建立共同的心态或企业品牌标识是一项至关重要的能力。在我们看来，共同的思维模式代表了企业形象的一致性，即企业的外部形象（品牌、声誉）与企业内部的文化是一致的。这种"企业形象的一致性"来自员工对公司如何从单一产品品牌发展为企业品牌的历史的理解。

例如，在酒店业，万豪国际集团的名称可以增加价值，因为它让顾客对酒店提供的服务质量充满信心；GE 拥有多元化的产品线和服务，但 GE 在全球范围都在强调"开创未来的梦想"。

领导者可以用"公司未来的最知名客户"的方式识别和塑造共同的心态或企业品牌标识，使管理层能够讨论并形成共识。达成共识后，领导者可以采取一系列行动，让员工和客户真正了解这种身份。

四、问责制

一些公司已经形成了问责制的传统。这些公司的员工认为，未实现的目标是不可接受的结果。如果员工认识到他们必须实现预定的绩效目标，那么绩效问责制就已经成为组织能力。

当战略转化为可衡量的绩效标准并且员工的回报与这些可衡量的绩效标准相关时，就会产生问责制。

事实上，只要澄清员工回报、绩效评估和业务战略之间的关系，就自然会产生问责制。这也意味着在领导者查看员工绩效评估表之前，关于"员工想要实现的目标"和"员工需要采取什么行动来完成战略"的问题的答案应该已经很明确了。奖励，无论是物质形式还是非物质形式，都可以强化战略并为员工提供清晰、明确和具体的绩效反馈。

在查看绩效评估表时，应该能够看到其背后的业务战略。评估表中的指标能否反映出该战略？每年有多少百分比的员工参与评估并获得反馈？他们的薪酬将如何根据员工绩效计算？

五、协同

整体应该大于部分的简单加总。对于某些组织而言，如果他们的分支机构在运营和法律层面保持独立，那么他们的估值就将高于他们在一起时的估值。这些组织通常不认为"协同作用"是一种能力。

当整合的组织通过共享服务、技术、销售系统或通过规模经济来提高运营效率时，就会出现"协同"。"协同"也可以通过其他方式表现出来，如当发生以下情况时，整个组织就可以独立地实现比分支更多的结果：该整合的组织支持跨域学习和创意共享，能够专注于资源开发、配置和关键领域的支持，以及在制定战略时充分利用组织产品和客户的战略——"协同"。

可以在组织和团队级别跟踪"协同"功能。在较大的组织级别，我们可以计算业务的衍生价值，并将其与业务的当前市场价值进行比较。通常，如果公司的分拆价值比其资产的当前市场价值高出25%以上，则不会发生"协同"。

六、学习

学习涉及两个独立但同样重要的步骤：在组织内产生新想法和促进（分享）这些新想法。新想法来自：基准测试（了解其他人做过和改变过的事情）、尝试（实验新事物，看看是否以及如何行得通）、能力获得（雇用或培养人才以获得新技能和想法）、持续改进（基于建议体系和过程分析）等。

提升创造力意味着创造力跨越时间（从一个领导者到另一个领导者）、跨越各个层次（从组织的一个层面到另一个层面）、跨越空间（从一个地方到另一个地方）或跨部门（从一个业务部门到另一个业务部门）传播。跨越时间、层次、空间、部门的分享可以通过创建实践社区或移动人员来实现。鼓励个人和团队学习的领导者也可以使用这些方式来推动组织学习。

可以从个人和组织层面跟踪"学习"。对于个人而言，学习意味着放弃旧习惯，采用或适应新习惯。可以询问员工：你当前工作的知识半衰期有多长？你知识储备的一半何时会过时？你对公司的个人价值有多大比例来自去年你提出的想法？公司有多少人在使用你提供的创意？这些问题探讨了员工在多大程度上愿意产生和促进工作中的想法。对于组织而言，组织中的学习能力可以从持续的改进中看出：我们是否在生产方面做得更好？市场怎么样？客户服务如何？员工敬业度怎么样？

七、领导力

有一些组织会"生产"领导者，这些组织通常具有领导品牌或具有明确的领导力描述。例如，描述领导者需要知道什么，他们应该成为什么样以及他们应该做什么。

当组织中自上而下的领导者具有与客户期望一致的独特身份时，该组织就拥有了领导品牌。这些领导者可识别、关注并将客户期望转化为员工行为。

通过监控未来领导者的储备群体，可以跟踪领导品牌。

很多企业的领导力建设正从"个人领导力"转向"组织领导力"培育，"个人领导力"的个人管理能力、人格魅力、运筹能力确实能使企业管理越来越好，而"组织领导力"能够代替一个头衔或职务产生的影响，强调资源的分配，可以控制、激励和协调群体活动过程。

八、客户连接

许多公司发现，通过客户价值分析，20%的客户支持80%的公司业绩。这些客户对公司的竞争和成功至关重要。

可以基于各种活动推进"客户连接"，例如：建立一个识别和跟踪个人客户偏好的数据库，建立客户服务团队负责与目标客户建立长期关系，邀请客户参与企业人力资源管理活动等。为了建立与客户连接的机会，许多公司邀请客户参与招聘、培训、薪酬和沟通实践。

如果相当大比例的员工有机会面对外部客户或与外部客户互动，则可以增强"连接客户"的能力。这些活动的结果是在员工和主要客户之间建立了心灵与思想的联系。在这种情形下，将实现销售和市场份额的增加。

"客户连接和服务"可以通过目标客户群的份额而不是市场份额来跟踪。这要求公司识别其关键客户，然后持续跟踪这些关键客户的份额。此外，定期的客户服务评级有助于了解目标客户对客户连接的认知和认可程度。

九、创新

创新专注于创造未来和赢得机会，而不仅仅依靠过去的成功。创新很重要，因为它推动了增长。创新将使员工在专注于未来的可能性时感到兴奋，这将使他们愿意预测客户需求并竭力满足客户，亦将使他们通过创造无形价值来建立投资者的信心。

致力于创新的商业领袖和人力资源领导者会不断提出问题："下一步是什么？"他们在企业的所有领域都会提出这个问题。

创新产品包括革命性的新产品和扩展产品（即具有新功能、性能或特性的产品）。

业务战略创新将改变公司赚钱的方式（生产新产品或提供新服务）、改变业务运营地点（开辟新市场）、改变公司进入市场的方式（通过新渠道），并改变客户感知公司的方式（其品牌标识）和公司服务客户方式的方式（类似于 eBay 通过帮助客户互相交易而创建的新服务模式）。

此外，当在金融、信息技术、营销、人力资源、制造和其他员工系统中引入新流程时，还会出现管理创新。

"创新"可以通过活力指数进行跟踪。例如，过去三年中新产品／服务产生的收入（利润）百分比。"创新"还可以通过在组织内引入和实施新流程来监控。

十、战略一致性

相对于达成战略，许多商业领袖更善于制定战略。产生这种结果的原因通常是对于要实现的战略的理解不一致。公司可以通过四个规划领域（认知、行为、流程、度量指标）创建"战略一致性"。

"认知"计划确保高级管理人员和基层员工了解战略是什么以及战略的重要性。这需要通过简单和重复的信息传递进行。

"行为"计划确保战略的指导思想塑造了员工的行为方式。这很难通过要求员工做什么来实现，更多的是通过询问员工在既定战略下将要做什么来实现。让员工明确有哪些行为是具有战略意义的，可使他们对战略的贡献更大。

"流程"计划确保组织流程（预算、招聘、决策制定）与战略保持一致。重新设计这些流程可确保一致性。

"度量指标"计划确保所有员工共享一组关于策略执行层面的定义以及一套用于度量战略进度的方法。

当上述四个方面都到位时，就有可能实现战略一致性。

员工对战略具备共识，就追踪到了认知层面的战略一致性。

为了跟踪行为层面的战略一致性，企业只需要询问员工，他们花费了多大比例的时间进行对战略执行有益的工作，或者询问他们，公司是否正在倾听并实施他们的改进。

追踪流程的战略一致性，可以衡量企业流程在多大程度上对业务战略提供了支持。追踪指标的战略一致性，还可度量战略目标和相关措施在整个企业中的共享程度。

十一、精简

质量管理、六西格玛和精益制造已被证明可以帮助组织减少波动性，实现流程重新设计。已经看到，很多公司通过这些方法实现了工作简化。这种简化反映在客户的购买体验（从购买到运输到付款）、产品设计过程（易于使用）和功能管理过程（如福利报销流程、培训项目申请流程）中。

"简化"可以通过以下方式衡量：

每项活动单独所花费的时间（在前文的"速度"中有所描述）、单位成本、减少工作活动中冗余或不必要步骤的数量、降低库存单位（SKU）和复杂性。

十二、社会责任

社会责任的表达有许多方式，如企业捐赠和慈善活动，这些方式表明了企业对服务所在社区的承诺。如果公司希望被公众视为"有奉献精神的公司"，它将致力于赞助有价值的社区事业。

可持续性发展或减少碳排放也是"社会责任"的体现。许多公司已经开始为运营设施进行能源管理（照明、能源使用、空间）、产品特性优化（减少包装、使用绿色产品）和能源审计。

此外，家庭休假和灵活工作等友好的安排也可以帮助公司体现其"社会责任"。

还有一些公司从某些地区获得了大量资源。反过来，这些公司将特别关注和支持这些地区的居民的需求。这种形式也成为企业社会责任的一个重要方面，而且越发重要。

"社会责任"可以通过活动和声誉来衡量。活动意味着您已设计并实施了可持续发展政策、慈善活动和雇佣政策。这些活动和政策反映了公司的社会责任和价值观。例如，一些公司会将部分收入捐赠给慈善机构，他们还要求员工每年花一些时间为这些组织提供服务。

十三、风险

在经济不确定性日益增长的时代，组织经常面临不可预测的变化。"管理风险"意味着在事情变坏时降低损害程度，而当组织资源被用到极限时，公司想要管理这种损害性并不容易。

这些资源可能是财务或情感上的。当资本紧张时，组织可能无法在经济衰退中生存下来或投资新的机会。同样，情感资源也可能被稀释，员工可能缺乏情感"储蓄"以应对突然的变化或工作倦怠感。

通过管理风险，可以加强组织预测未来的能力。例如，提高工作流程的可预测性和标准化可以有效地降低结果的波动性，从而降低风险。

此外，组织的需求还应与其在资本市场和人员管理方面的资源相匹配。通过评估组织需求超出其所拥有资源的程度，可以跟踪组织的"风险"级别。

组织风险可能反映在心理健康护理成本上升、流失率上升、生产效率下降或敬业度得分下降等方面。

良好的风险管理对战略实施至关重要，特别是在不断变化的经济环境中。

十四、效率

在竞争激烈的市场中，控制成本可以有效地提高公司在高回报项目中的投资自由度。领导者可以通过流程、人员和项目来降低成本。

通过持续改进方法或采取其他提高生产效率的措施可以成功地改进流程，包括减少波动、减少工作中的操作环节、减少库存和工作区域、确保及时交付产品和服务等。

在员工改进方面，通过技术应用、团队组织和更高效的流程，可以以更低的成本实现更多的产出。

在项目投资方面，可以进行资本支出管理，以便在未来进行明智的投资。

只管理成本而忽视增长的领导者最终会因为无法省出钱而失败；而那些不关心成本管理和绩效提升的领导者，也不太可能有机会进入最佳公司的行列。

跟踪"效率"是这些领域最容易做到的。所售产品的成本、库存、直接或间接的人工成本、资本占用等可以从资产负债表和损益表中得到反映。

现在组织能力评估是一个热门话题。戴维·尤里奇教授提供的上述 14 种指标和测量方法，无疑是最先进的评估维度。组织有效性是指组织实现其目标的程度，主要体现在能力、效率、质量和效益四个方面。简言之，它是投入产出比。

影响组织有效性的主要因素有两个：外部环境（政治、法律、技术、行业等），内部环境（组织结构、业务流程、管理机制、员工能力、企业文化、信息水平等），其中的变量很多。

要提高组织有效性，就必须从组织有效性的评估和诊断入手。在了解企业的有效性之后分析利弊，然后从组织设计出发，寻求突破、激发组织活力、提高组织效率和人力资本效率，促进组织战略的实现。

第二节 ┃ 组织有效性评估

一、组织发展的"跟风"运动

管理学大发展的三个时间段，正是两次世界大战的前、中、后三个时期。这三个时间段也见证了当代三大"流行性"组织架构的确立过程，即官僚制组织架构、事业部制组织架构和当下的扁平化等新兴组织架构。有一个比喻是这样说的："组织发展是跟风运动，而且像流行病一样。企业主对新兴组织的好奇和仿造不亚于任何一次流行瘟疫。"

第一阶段是层级官僚制组织，从提出到实现经历了很短暂的时间，但是一直影响到现在，尤其是物流和汽车行业。汽车行业内的创新的确很显著，但是在全行业下，与互联网和科技类行业相比，汽车行业的整体创新能力则相对缓慢很多。因此，现在很多汽车企业也像组织"活化石"一样，依然保留了大部分层级官僚制的特征。

第二阶段是事业部制组织架构。1924 年，通用电气公司确立事业部制后，大型企业纷纷效仿，而学习最彻底的莫过于日本企业。1933 年，松下公司在松下幸之助的主导下，按照产品门类划分出三个事业部，由此成功地向大型现代企业迈进。日本企业在这一阶段奠定了快速发展的基础，其企业，尤其是大型企业至今仍普遍采用内部组织事业部制度，在全球化时代对扩大规模、灵活适应市场、多元化经营等起到了决定性作用，并对世界各国的企业经营管理产生了深刻影响。

第三阶段就是当下的新兴组织架构。"去中心化""扁平组织"等组织发展论调此起彼伏，一方面要求"简单"，另一方面要求"创新"。基业长青的世界级企业，与百年前的组织设置几乎完全不同，所以说，"没有成功的企业，只有时代的企业"。当下的新兴组织理论的核心任务是解决三个问题：一个是组织灵活性，另一个是组织激励性，再一个就是组织创新性。当下的互联网世界每一天都在经历巨大的变革，过去的组织形式已难以适应快速变化的市场环境。

很多人都在提"生态型组织"，管理学中的生态型组织属于弹性结构的一种，其基本特性是流动性大、规章很少、鼓励员工组成工作小组及大幅度的分权。

二、环境越动态，组织结构越有机化

为什么这三个时期引发了组织设置的大变革？当我们分析环境和组织演变的关系时，就可以得出结论：环境越不稳定，组织结构

115

越会呈现出有机化的状态，而这三个时期恰好处于战争的间隙，是规模化竞争与发展的黄金时期。企业管理的最高境界是有机化管理，此时的企业有秩序却不僵化，各个系统之间有分工、有合作，处于有机的和谐状态，很多流程、标准、制度、技能都是自动化的，无须控制而自然遵守规律，是经过长期管理、培训、磨合后达到的高级状态。这就好比军队：在和平时期，军队往往是高度官僚化的机构，强调计划、标准化、规范化，尤其对纪律的要求细而又细；而一旦开启战争模式，至少是在现代战场上，对灵活性与机动性的要求反而出现得最多。

三、组织发展的不同时期，有效性评估方式的侧重点不同

对传统的官僚制的组织形态，要从管理层级和管理幅度入手评估，主要侧重于专业分工和职能权限的划分。在传统官僚制组织中，随着规模的扩大和技术的升级，在组织设计因素方面存在如下的规律：

1. 高层管理者的控制幅度越来越大；

2. 中层管理者的控制幅度越来越小；

3. 管理者对非管理者的比例越来越高，而且对管理者的素质要求越来越高；

4. 职能人员对业务人员的比例明显升高；

5. 在生产系统中，管理层级增加；

6. 一线主管的管理幅度是最大的。

对官僚制组织的评估也就是要从这些基本规律中寻找评估点。在大小高低中寻找合适的值，进行行业的外部比对和内部分工协作的切合分析，形成企业组织评估的共性。

随着财务管理及绩效管理的兴起，对于大型的组织评估也有了突破性的发展，美国经济学家和社会心理学家斯坦利·西肖尔于1965年发表的论文《组织效能评价标准》在企业管理领域受到很大重视。该论文将衡量企业组织效能的各种评价标准及其相互关系组合成一个金字塔型的层次结构，从而使原先处于完全混乱状态的集合体有了逻辑性和秩序。

斯坦利模型是目标评价模型，对于事业部制组织有着很好的适应性，而且该模型是从多重的目标管理体系中衡量各个层级的组织有效性。每一个组织的目标不是单一的，必须权衡众多目标的价值。对各种衡量标准以什么方式综合起来才能形成对经营状况的全面评价，需要一种模式。

组织架构复杂多变，当分子公司与事业部甚至出现了矩阵等混合制的时候，评估的维度也从单一走向了多元。很多对组织设计实践的项目创造了组织评估维度，一般都是在传统的管理学书籍中找到相应的维度，比如法人治理结构、计划、领导、组织、沟通和控制等。下图是一个四维度的示例。

维度	维度与要素	最大值	最小值	均值	标准差	序号	维度要素统计图表
	战略目标	5	1.3	3	0.7	1	
	管理层级	4.5	1	3.1	0.7	2	
领导	工作驱动	4.3	1	3	0.7	3	
	授权方面	5	1	3.1	0.8	4	
	领导风格	5	1	3.4	0.8	5	
	部门划分	4.4	1.3	3.1	0.6	6	
	角色及职责	5	1	3.1	0.7	7	
结构	管理层级	4.5	1	3.2	0.8	8	
	例外工作	4.6	1	3.1	0.7	9	
	工作驱动	4.8	1	3.3	0.7	10	
	计划流程	4.6	1.4	3.2	0.7	11	
	部门协作	4.3	1	3	0.8	12	
流程	品质控制	4.5	1	2.5	0.7	13	
	信息沟通	5	1	3.3	0.7	14	
	资源保障	4.3	1	3.1	0.6	15	
	价值评价	5	1	3.3	0.7	16	
	技能发挥	5	1	2.9	0.6	17	
员工	成长发展	4.6	1.6	3.3	0.7	18	
	激励机制	5	1	2.9	0.9	19	
	公司承诺	4.5	1	3.1	0.7	20	

图 4-1　某项目中应用的四维度评估模型

　　问卷法与定性分析结合是现在组织有效性的主流评估方式，价值链评估的方式也得到了广泛的利用。价值链评估方式本身是一种寻求确定企业竞争优势的工具，即运用系统性方法来考察企业各项活动和相互关系，从而找寻具有竞争优势的资源。通过价值链评估方式进行深入分析，可以减少那些不增加价值的活动，并通过协调和优化两种策略的融洽配合，提高运作效率、降低成本，同时为组织发展奠定基础。

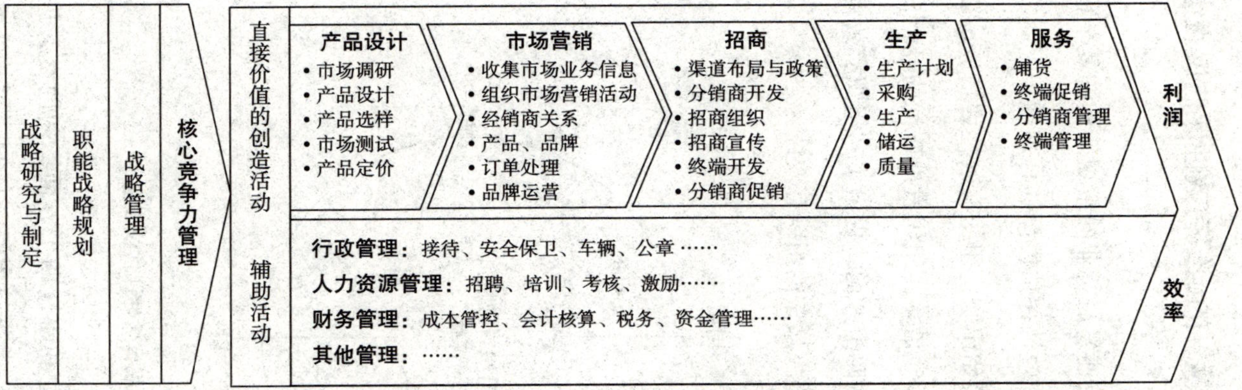

利润　　效率

服务
- 铺货
- 终端促销
- 分销商管理
- 终端管理

生产
- 生产计划
- 采购
- 生产
- 储运
- 质量

招商
- 渠道布局与政策
- 分销商开发
- 招商组织
- 招商宣传
- 终端开发
- 分销促销

市场营销
- 收集市场业务信息
- 组织市场营销活动
- 经销商关系
- 产品、品牌
- 订单处理
- 品牌运营

产品设计
- 市场调研
- 产品设计
- 产品选样
- 市场测试
- 产品定价

直接价值的创造活动

辅助活动

行政管理：接待、安全保卫、车辆、公章......
人力资源管理：招聘、培训、考核、激励......
财务管理：成本管控、会计核算、税务、资金管理......
其他管理：......

核心竞争力管理
战略管理
职能战略规划
战略研究与制定

导致结果
不能充分把握环境变化；不利于控制经营风险；战略和核心品牌也不能有效传递
......

现状
战略规划缺乏决策参谋支持，系统性和研究性不足；战略管理缺乏
......

缺失/薄弱的职能
战略规划
......

图 4-2　引入价值链评估模型示意图

119

四、"方面—维度—变量"的组织有效性评估仪表盘

大型集团企业以及新兴快速发展行业的组织架构的复杂程度以及变化程度等都考验着组织有效性评估模型的合理性。因此，综合维度的组织评估模型千呼万唤始出来。组织有效性评估应该以"不变应万变""回归本质"。笔者凭借多年组织发展咨询的经验，从组织的内部、外部、柔性和刚性四个方面，提出了"组织有效性评估仪表盘"，试图完整地评估当下发展中的组织有效性。

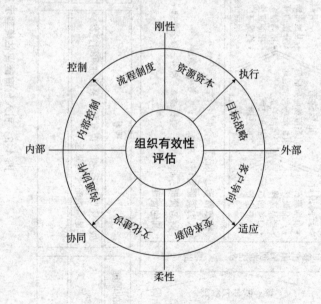

图4-3　组织有效性评估仪表盘

组织的内部、外部、柔性和刚性四个方面，两两交叉进而形成二级的四个维度，即执行、适应、协同和控制，再细化为八大

变量，从而完整地形成"方面—维度—变量"整体评估模型。在此模型基础上，建立相关评估细项来阐释四方面、四维度和八变量。定性定量评估完毕，便可以画出组织有效性评估结果的态势图。

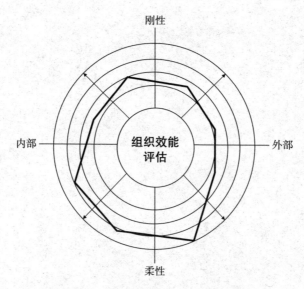

图4-4　组织评估后形成的组织态势图

从图4-4的结果可以看出，此组织柔性较好，刚性不足。柔性好的企业中员工满意度相对较高一些，而像富士康等一些制造类企业，其刚性维度分值比较高，执行力及效率都会相对好一些。

组织的有效性理论，从某种意义上讲，是一种衡量组织效能的理论。在不同的时期，对组织的有效性有不同的理解。从早期传统的组织有效性观点到现代的组织有效性观点的发展来看，这是一个从组织的单一目标或职能，如获得最大利润、提供有效服务、提高产品产量等方面来衡量，到多方面、综合评价的发展过程。

每一次企业大发展时期都会迎来新的变革、新的模式。因此，把握好组织有效性评估，发展、改进和加强那些促进组织战略达成的结构和流程的实现，就可以使组织发展区别于其他职能，推动企业变革。

REWRITING HUMAN RESOURCE MANAGEMENT

7 SKILLS

F _____ O _____ R

ORGANIZATION

DEVELOPMENT

第五章 组织授权

时代的变迁使管理者在职能和定位上发生了很大变化。20世纪的管理者更像是监督者，他们的工作围绕计划（plan）、执行（do）、检查（check）、处理（act），即PDCA而展开。但在21世纪，这些职能已经远不能适应时代发展对管理者的要求。管理者的职能逐渐由PDCA转变为授权、激励、团队建设、员工培育，职能的转变也使管理者的角色转变成教练型领导。

当下还是互联网普及的时代，如何帮助领导者摆脱忙碌怪圈、提高工作效能，同时培养和激励下属积极、主动、创造性地工作，并满足其自我成长的需要？

第一节 ▍集权与分权

一、集权与分权的概述

当组织规模发展到一定阶段，规模和效率的冲突就变得非常明显，这个时候，集权与分权就成了组织管理中非常棘手的问题，大型企业都有自身的权责手册，OD 在处理组织授权问题时，既要防止"失控"，又要防止"管死"。组织授权不仅是一项技能，更是一项艺术。

1. 集权的概念、产生原因和优缺点

（1）集权是指决策权在组织系统中较高管理层次上的一定程度上的集中。

（2）集权倾向产生的原因：一是组织历史；二是领导者的个性；三是政策的统一与行政的效率。

（3）集权的优点：一是可以政令统一，使标准一致，便于管

理者统筹全局；二是指挥方便，使命令容易贯彻执行；三是有利于形成统一的企业形象，形成品牌；四是可以集中力量应付危局。

（4）集权的缺点：一是不利于发展个性与特色，顾及不到事物的特殊性；二是缺少弹性和灵活性；三是降低了组织对外部环境的应变能力；四是下级容易产生依赖思想，降低组织成员的工作热情，不能充分调动下级的积极性、主动性和创造性；五是不利于下级勇敢承担责任。

2. 分权的概念和优缺点

（1）分权是指决策权在组织系统中较低管理层次上的一定程度上的分散。权利的分散可以通过制度分权和授权。

（2）分权的优点在于由于下级与领导者可以在自己的管辖范围内独立自主地工作，因此能够集思广益，充分发挥下级的主观能动性，做到从实际出发，具体问题具体分析，从而因时因地制宜地进行具有自身特色的决策等，利于充分利用并发挥组织的特色与优势。对组织而言，分权是不易产生独断专行等现象的。

（3）分权的缺点在于难以坚持政令统一，标准一致，容易造成各自为政，使组织中各个层级的矛盾与冲突难以协调，也容易造成分散主义、地方主义与本位主义等现象。组织整体利益容易被忽视，不利于组织的整体发展。

3. 集权与分权程度的衡量

衡量一个组织的集权或分权的程度，主要有下列几项标准：

（1）决策的数量。组织中较低管理层次做出的决策数量越多，则分权的程度就越高；反之，上层的决策数量越多，则集权程度越高。

（2）决策的范围。组织中较低管理层次决策的范围越广、涉及的职能越多，则分权程度越高；反之，上层决策的范围越广，涉及的职能越多，则集权程度越高。

（3）决策的重要性。如果组织中较低管理层次做出的决策越重要、影响面越广，则分权的程度越高；相反，如果下级做出的决策越次要，影响面越小，则集权程度越高。

（4）对决策控制的程度。组织中较低管理层次做出的决策，上级要求审核的程度越低，分权程度越高。如果上级对下级的决策根本不要求审核，则分权的程度最大；如果做出决策之后必须立即向上级报告，则分权的程度就小一些；如果必须请示上级之后才能做出决策，分权的程度就更小。

4. 集权与分权的影响因素

组织集权与分权的程度，是随条件变化而变化的。对一个组织来说，其集权或分权的程度，应综合考虑以下各种因素。

（1）决策的代价

一般来说，决策失误的代价越高，越不适宜交给下级人员处理。

（2）政策的一致性

如果高层管理者希望保持政策的一致性，则可趋向于集权化；如果高层管理者希望政策不一致，则可放松对职权的控制程度。

（3）组织的规模

组织规模较小时，一般倾向于集权；当组织规模扩大后，组织的层次和部门会因管理幅度的限制而不断增加，从而造成信息延误和失真。因此，为了加快决策速度、减少失误，最高管理者就要考虑适当的分权。

（4）组织的成长

在成立初期，绝大多数组织都会采取和维持高度集权的管理方式。随着组织逐渐成长，规模日益扩大，则由集权的管理方式逐渐转向分权的管理方式。

（5）管理哲学

有些组织采用高度集权制，有些组织推行高度分权制，原因往往是高层管理者的个性和管理哲学不同。

（6）管理人员的数量与素质

管理人员的数量不足或素质不高可能会限制组织实行分权：即使高层管理者有意分权，但没有下属可以胜任，也不能成事。相反，如果管理人员数量充足、经验丰富、训练有素、管理能力强，则可较多地分权。

（7）控制的可能性

分权不可失去有效的控制。高层管理者在将决策权下授时，必须同时保持对下属的工作和绩效的控制。一般来说，控制技术与手段比较完善、管理者对下属的工作和绩效控制能力强的，可较多地分权。

（8）职能领域

组织的分权程度也因职能而异，有些职能领域需要更大的分权程度，有些则相反。

（9）组织的动态特性

如果一个组织正处于迅速的成长过程中，并面临着复杂的扩充问题，则组织的高层管理者可能不得不做出为数较多的决策，高层管理者在无法应付的情况下，会被迫向下分权。在一些历史悠久、根基稳固的组织中，一般倾向于集权。

5. 集权与分权对比

（1）从企业发展战略的角度来看

适合集权的情况有：一体化企业集团；单一品牌的集团；企业主营业务；对企业利润贡献较大的业务；规模不大、但有战略意义的业务；处于变革时期的业务。

适合分权的情况有：多元化企业集团；多品牌集团；对企业利润贡献不大的存续业务；处于平稳期的业务。

（2）从组织架构的角度来看

适合集权的情况有：战略型管理总部；运作型管理总部；事业部；独资或控股企业；中小型企业。

适合分权的情况有：财务型总部（当然，财务型总部的资金管理权与重要人事任免权应集中在总部，但具体运营权下放）；子公司；参股企业。

（3）从人力资源管理的角度来看

适合集权的情况有：人力资源管理体系不健全，没有基础制度体系的企业；新招聘的管理者的业务。

适合分权的情况有：人力资源管理体系比较健全的企业；该业务板块的领导在企业工作时间较长，集团对其较为了解的业务；该业务板块的负责人有综合、全面的能力的业务。

（4）从企业文化的角度来看

适合集权的情况有：没有明确发展目标和核心理念的企业；员工思想涣散的企业。

适合分权的情况有：对企业战略有统一的认识的企业；企业文化体系健全的企业。

二、集分权的输出成果——权责体系

企业管理组织的不同层次承担着不同的职能，因此，按照以责定权的要求，职权就会相应形成纵向结构。权责体系是确保新的组织结构得以有效运行的关键，从动态角度描述了权责的流动过程，以及不同管理层次在各项主要业务活动中的权限和责任。权责体系的实施是一个动态而复杂的过程，它需要一套完善和科学的约束机制及考核机制为基础，而且，权责体系的修订和完善也只有在实施过程中才可能实现。

表 5-1　某集团主要业务权责手册（部分示意）

序号	业务内容	提案	审核	会签	审批	备案
一	**战略管理**					
1	集团经营理念与经营方针	企管中心	总裁	各中心	董事长	总裁办 / 企管中心

续表

序号	业务内容	提案	审核	会签	审批	备案
2	集团中长期发展战略规划	企管中心	总裁	各中心	董事长	总裁办／企管中心
3	事业部中长期发展战略规划	事业部	企管中心	各中心	董事长／总裁	企管中心
4	子公司中长期发展战略规划	子公司	企管中心	各中心	董事长／总裁	企管中心
二	**经营管理**					
1	**经营计划**					
（1）	集团年度经营规划	企管中心	总裁	各中心	董事长	总裁办／企管中心
（2）	集团年度经营计划的确定与调整	企管中心	总裁	各中心	董事长	总裁办／企管中心
（3）	事业部年度经营企划书及经营计划	事业部	企管中心	各中心	董事长／总裁	企管中心
（4）	子公司年度经营企划书及经营计划	子公司	企管中心	各中心	董事长／总裁	企管中心
（5）	集团月度工作计划与工作总结	总裁办			总裁	总裁办
（6）	事业部月度工作计划与工作总结				事业部	总裁办
（7）	子公司月度工作计划与工作总结				子公司	总裁办

续表

序号	业务内容	提案	审核	会签	审批	备案
（8）	事业部月度经营状态分析报告				事业部	企管中心
（9）	子公司月度经营状态分析报告				子公司	企管中心
2	**组织与流程**					
（1）	集团年度整体管理方案	总裁办	总裁办主任	各中心	董事长/总裁	总裁办
（2）	集团机构设置与组织流程调整方案	人力行政中心	人力行政总监	各中心	董事长/总裁	总裁办/人力行政中心
（3）	事业部年度整体管理方案	事业部	总裁办	各中心	董事长/总裁	总裁办
（4）	事业部机构设置与组织流程调整方案	事业部	人力行政中心	各中心	董事长/总裁	总裁办/人力行政中心
（5）	子公司年度整体管理方案	子公司	总裁办	各中心	董事长/总裁	总裁办
（6）	子公司机构设置与组织流程调整方案	子公司	人力行政中心	各中心	董事长/总裁	总裁办/人力行政中心

第二节 ┃ 职能分解是授权的前提

一、授权是一门管理艺术

授权是指主管将职权或职责授予某位部属担当，并责令其负责管理性或事务性工作。授权是一门管理的艺术，充分合理的授权能使管理者们不必亲力亲为，从而把更多的时间和精力投入企业发展以及引领下属更好地运营企业之中。

很多人说自己懂授权，但对于授权的前提是什么则难以回答。在组织设计中授权的前提是职能分解，即要把职能分解到真正需要的地方，然后再根据不同的职能进行授权。

比如客服职位，有售前，也有售后，售前和售后的权力也不一样，所以说职能分解在授权环节中产生了很大的价值。在实施授权的时候，组织要进行激活，如果没有事先把职能充分分解出来就会形成"空中楼阁"，直接在现有岗位上授权往往会让现有岗位的工作人员自我膨胀，其部门会越来越大，从而失去控制。

那职能怎么分解呢？就是要重新定义部门或者是重新定义职

能。比如，组织现在的状态是职能化的，是人力、财务、业务部门（包括研产销）这样的几个大部门。若要进行变革，就要先进行职能的重新分解。要研发出更专业的产品、更大程度地满足客户的需求，就需要过渡到产品事业部；销售则要进行产品的分类，只销售某一种或两种产品，去寻找这一种或两种产品的消费者画像。

另一种职能分解的方式，则是针对流程、区域进行分解。比如区域偏僻的地方，就深入区域进行销售。职能重新分配之后，授权才正常开始。在比较偏远的地方，来回通信方不方便，在大城市的总公司不了解当地的情况，也会授予一定的权力，这样的话授权才会具有有效性。

授权一般分为两种方式，充分授权和不充分授权。

1. 充分授权

充分授权也叫一般授权，包括：

（1）柔性授权；

（2）模糊授权；

（3）惰性授权。

2. 不充分授权

不充分授权包括：

（1）制约授权，又称复合授权；

（2）弹性授权，又称动态授权。

充分授权有三种方式：柔性授权就是可以自主地去决定一些事

情，事后汇报就可以；模糊授权，是指授权范围并不是很清晰，一般从领导的决策风格去感受哪些地方可以自主决定；惰性授权，即领导根本不管，需要自己去决定。

在不充分授权中，一种为制约性授权，也叫复合授权，即有些权力归你，有些权利归我。比如一个职位的财务权力额度是 1000 元，1000 元以下的额度归该职位支配，1000 元以上的额度就需要审批，这就是制约性授权。还有一种不充分授权叫弹性授权，就是在不同的阶段有不同的授权方式，比如说在一项地产建设的过程中，最开始的时候严格把关，能够把控建设的时候可以自我监控，等到验收的时候又严格把控，这就叫弹性授权，也叫动态授权。

通过对职能进行分类，对授权进行分类，明确哪些应该充分授权，哪些不应该充分授权，就可以解决授权的问题。授权给各级员工也是激活组织设计的一个重要方式。授权的前提是职能分解，将各级职能分解透彻，进行合理的授权，才真正符合逻辑。

二、职能分解与组合

职能分解是在基本职能设计的基础上，将企业应该具备的各项基本职能细化为独立的、可操作的具体业务的活动。组织设计人员按照上述要求进行职能分解，应该熟悉特定企业生产经营管理的实际情况与经验。在此基础上，运用组织理论的基本知识，采取逐级分解的方法，即可完成职能分解的任务。

大体的职能出来之后，马上就会形成岗位，有几项定位就应由几个部门承载。但是在组织设计上，是不是采用直线职能型是不一定的。在组织设计里面，有很多组织可以选择，人力资源部的四项职能可不可以用事业部来实现？是完全可以的。例如，一个大型集团公司，全国有35家分子公司，遍布在全国各地，那人力资源部要设置多少个？要采用直线职能型的话就要35个，每一个分子公司都配置人力资源部。但是真正适应这35个分子公司的组织形式是事业部制，即规划风土人情相近以及经济发展相近的7个中心，这7个事业部管理35个分子公司，显然人效会提升，编制会下降。

外包是比较省钱的，很多人会觉得每个月支付一定的费用，却可省去时间成本。企业在快速发展阶段，把一些非核心的事情留给外包公司做，是一种明智的、清晰的选择，这样，企业就有更多时间去做组织发展，去做一些真正有变革意义的事情。快速跟上整个组织的发展，这是人力资源部应该去定位的事情。

三、职能分解表

RACI是一个相对直观的模型，用以明确组织变革过程中的各个角色及其相关责任。众所周知，变革过程是不可能自发或者自动进行的，必须有人对其进行作用，促使进程发生变化。因此，很有必要对谁做什么以及促发什么样的变革进行定义和描述。

RACI是用来定义工作内容、明确职责分工的工具，尤其是当：

• 角色不清时；

• 工作延迟，互相推诿时；

- 沟通不顺畅时；

- 部门之间或个人之间发生矛盾时；

- 执行任务和做决定的级别错位时；

- 工作职责分工不清楚时；

- 个人或单位的工作负荷不平均，需要进行平衡调整时；

- 组织改变时，避免主要工作及功能受到影响；

- 人员变动时，需要快速安排岗位及确定工作角色。

RACI 的具体内容为：

*R*esponsible（职责人）或"实干者"：执行活动并对行动／实施负责的个人，责任程度因人而异；

*A*ccountable（责任人）或"最终负责之人"：一项活动／决定只能有一个"责任人"；

*C*onsulted（被咨询人）或"始终知情的人"：在最终决定或采取行动之前需征询其意见之人；

*I*nformed（被通知人）或"供参考"：做出决定或采取行动之后需被通知之人。

关于分工和协同问题，很多初级的 HR 会考虑分工，把人分到相关的责任上，但是没有考虑协同，这是思维上的问题。有分工肯定有协同，如果没有分工，那就是岗位上的问题。

如果某岗位一个人能够完成，就是独立岗位的独立职责，是一个岗位的基本要求。一旦出现分工，就至少有两个人，一个是主责任人，另一个是副责任人。在环节中出现分工的情况下，当角色不清、工作延迟沟通不畅、部门之间发生冲突和矛盾、工作负荷量有的较多有的较少，需要做平衡调整的时候，RACI能够解决许多问题，而且非常好用。

图5-1是一个基本的呈现，总结出来就叫RACI的四个列出。第一步是列出工作重点，比如说起草一个计划，包括如何落地实施这样的一个小的活动，或者在项目制时，从立项开始到如何执行。这就是工作重点，应尽量用简短的语句去列出工作重点，一般是简洁的动宾短语。

第二步是列出相关的参与者。可以是个人、岗位，也可以是一个小团体、小部门或者是一个小组织。

第三步是列出角色。RACI中的角色必须分配好，即谁来承担什么样的角色。

第四步是列出各纵列。这是检查、监督、检验的过程。第一，考查团队是否承担了过多的职责。如果一个小组团队承担了过多的职责，显然是忙不过来的，反而会导致分配不均衡。第二，RACI的过程中有没有哪个岗位和哪个角色发生了空白。第三，是否有过多的责任人。很多小型公司就存在这个问题，太多的责任人在一起，情况会复杂很多。所以说，有没有太多的R和A是一个考查的点。第四，即权限问题。如果没有权限，是完成不了一个项目的，给再多负责人也是完成不了的，需要被支持者和知情者有更高的权限赋予下来。

完成以上四步，才是RACI的一个标准的循环体系。

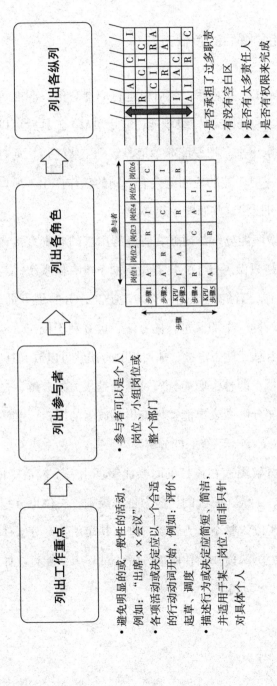

图 5-1　RACI 的四个列出

四、职能分解后的授权方式

应用完 RACI 工具之后，就可以进行职能分解。职能可以分解成一级职能、二级职能、三级职能，应用 RACI 工具后可以把职能用这种方式表示出来。把职能简单地分解到三级之后，通过各个岗位的分工，对一项职能的应用就会有不同的动作产生，所以说通过这一张表，就可以将这些职能串起来。

很多 HR 做职能分解的时候，将分解出来的职责直接让一个岗位去承担，这是只做了分工，没有做协同、没有做系统。利用同向职责的不同动作，有的是拟定，有的是提交，有的是审批或审核，来区分各岗位对同一个职能进行的分解，也有利于授权。本来可能一项职能需要由总经理去审批，那授权的时候就可以放到基层岗位，自己去审批审核，即整个职能分解过程也是权力的分解，是授权模式的分解。职能分解图表更能够体现出对员工的授权，这样的一个图表比传统的一、二、三级职能分解要好一些。

通过职能分解图表在授权的时候能够理出一个较清晰的思路。权力是分一级、二级、三级的，能力也分级别，岗位也分级别，职能也分级别，所以说整个人力资源管理，其实用一套分级体系就能够解释整个人力资源模块。在职能分解的过程中，能直接体现出组织设计中的授权各级员工。

表 5-2 部门职能分解

二级职能	三级部门职能	出纳	工资核算会计	核算会计	成本会计	总账会计	财务部部长	总经理
工作规划	协助总经理制定公司整体战略目标。	收集、整理	收集、整理	收集、整理	收集、整理	收集、整理	制定、参加讨论	主持、讨论、审批
	协助拟订公司发展规划、年度经营计划，参与公司重大决策事项的讨论。					起草、提交	拟定、参与讨论	主持、讨论、审批
	依据公司战略规划和年度经营计划，制定财务规划并贯彻执行。	拟定、提交	拟定、提交	拟定、提交	拟定、提交	拟定、提交	审查、制定、呈报	审批
	负责贯彻执行公司颁布的各项管理制度，并提出改善建议。	贯彻执行、提出建议	贯彻执行、提出建议	贯彻执行、提出建议	贯彻执行、提出建议	贯彻执行、提出建议	贯彻执行、提出建议	
制度建设	负责建立健全《现金管理制度》《应收应付管理制度》《成本管理制度》《资产管理制度》《预算管理制度》等各项财务管理制度并贯彻执行。	拟定、优化、贯彻执行	拟定、优化、贯彻执行	拟定、优化、贯彻执行	拟定、优化、贯彻执行	拟定、优化、贯彻执行	组织、指导、制定、贯彻执行、监督	审批

续表

二级职能	三级部门职能	出纳	工资核算会计	核算会计	成本会计	总账会计	财务部部长	总经理
制度建设	制定本部门标准化作业流程、部门职能、岗位职责及岗位操作规程，确保制度的实效性。	拟定	拟定	拟定	拟定	拟定	组织、指导、制定、上报	审批
预算管理	根据公司经营目标，拟定公司年度预算计划，预算包括投资预算、经营预算、融资预算。	拟定	拟定	拟定	拟定	拟定	组织、指导、制定、提报	审批
	组织和指导各部门编制财务预算，汇总各部门的预算，编制公司财务预算。				指导、汇总、编制	指导、审定	组织、指导、审核	审批
	编制成本管控计划并对预算执行过程进行监督，编制月度预算分析报告。			起草、监督	起草、监督	指导、编制、监督	组织、指导、审定	审阅
	负责对各部门预算调整进行审核并经总经理批准，编制预算调整方案。				汇总、提报	核算、审定	审核、分析、编制、上报	审批

续表

二级职能	三级部门职能	出纳	工资核算会计	核算会计	成本会计	总账会计	财务部部长	总经理
预算管理	负责阶段性预算执行状况的考核并提出考核建议。				统计、提出考核建议。	审核、提出考核建议	审核、提出考核建议	审阅
	总结年度预算执行情况，分析并编制年度预算分析报告，提出改进措施并贯彻执行。				总结、分析、编制、提出改进措施	总结、分析、编制、提出改进措施	组织、指导、分析、编制、提出改进措施	审阅

第三节 ┃ 互联网企业事业部的四种授权模式

在互联网普及的时代，在交易、社交，甚至旅游、家居、能源、金融等领域里，互联网的身影无处不在。很多人就把互联网单独拿出来，说什么是互联网组织、什么是非互联网组织，这其实是把整体的东西割裂开看。其实在组织管理中，互联网组织和非互联网组织没有绝对的界限。

一、互联网企业的组织设置热衷于事业部模式

在互联网企业快速发展的今天，在组织结构中奉行事业部制成为组织设置的不二法门，很多初创型企业动辄两三人即为一个事业部。所谓事业部，一般指的是在企业内部按产品、服务对象或涉及的产业而设立的一级组织，它拥有相对独立的产品设计、开发和运营的权力，是一个独立核算单位。总部高高在上，对事业部实行监控，互联网企业都在打造自身独特的"航母战队"。

互联网企业为何钟情于事业部制？设立事业部的好处显而易见。

对于某个具体产品或服务而言，事业部简化了决策过程，分权下的机动灵活使其在市场竞争中更有针对性和及时性。而且，从组织授权来看，事业部的确让总部的高管们轻松不少，有助于节约时间考虑其他问题。进一步说，事业部的灵活性优于传统的科层制，在组织发展变革中，频繁性调整是互联网企业的家常便饭。

二、授权事业部的四种模式

相比于创业团队，大企业中的小团队负责人更关注总部能够在多大程度上授权以及提供多少平台支援；而总部往往关注小团队能否实现业务和利润的增长，只有小团队超额完成指标后，才会考虑加大授权和支持力度。两者因为位置不同产生了天然矛盾并直接反映到事业部的集分权问题上。企业实施事业部制大体分为四种模式（图 5-2）。

第一种是授权较弱、管控较强，在事业部中层仍能感受到来自总部的干预。主要特点是：

- 事业部 CEO 拥有的自主权较弱；
- 事业部高管团队及中层受控于总部；
- 事业部是总部战略与设定目标的执行者；
- 事业部高管与中层对总部有虚线汇报关系。

第二种是授权和管控适中，层级管控范围控制在事业部高管团队。主要特点是：

- 事业部 CEO 拥有不完全的自主权；

- 事业部高管团队受控于总部；
- 事业部高管团队与总部协商进行事业部战略与目标设定；
- 事业部高管其他成员对总部有虚线汇报关系。

第三种是授权较充分，事业部的团队完全由事业部的 CEO 进行自主组建。主要特点是：

- 事业部 CEO 拥有完全的自主权；
- 可以打造事业部高管团队；
- 根据总部的原则和建议进行事业部战略与目标设定；
- 事业部其他成员仅向 CEO 汇报。

第四种是事业群制，对事业部授权空间更大，总部只对事业群负责。主要特点是：

- 事业部为二级结构；
- 事业群是对事业部的进一步分权；
- 各事业部能够充分发挥"小公司""小系统"精神。

事业群在大型互联网企业中的应用越来越多。依赖于迭代、灵活和创新起家的互联网企业更加注重授权的充分性。很多企业甚至只有事业群这一个概念，而无事业群实际负责人，这时，事业部和总部之间便形成了权力真空地带。同时也有很多企业对事业群的理解不是很充分，把事业群变成另一个总部，反而加重了管控力度。

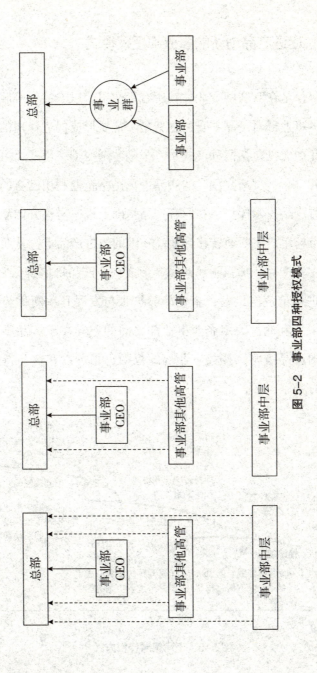

图 5-2 事业部四种授权模式

三、促进产品创新的事业部授权模式

不仅仅是在互联网行业，在所有行业里，以产品（或服务）分类管理的事业部对产品本身的创新是一定要形成促进作用的。而在产品进化中大抵包括两种模式，一个是"渐变型"模式，另一个是"突变型"模式。"渐变型"的产品进化是指企业利用已有的行业经验或固有产品技术优势，在原有产品基础上进一步提升产品技术含量，将市场用户不断地转移到较高一级的改进产品上，从而进一步强化其主营产品，加强附属产品，形成一个产品价值链；在主营产品周边进行价值链经营，企业能够扩张与发展其垄断优势，继续获取未来的利润。大多企业事业部之间的差异在于产品不同。对于不同的产品策略，授权事业部的范围也是可以在产品特性中总结规律的。

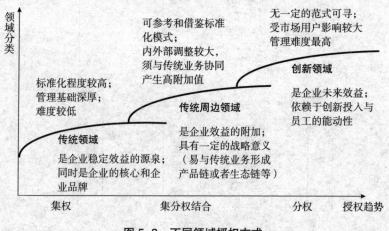

图 5-3　不同领域授权方式

如上图所示，传统领域里的产品是企业稳定效益的源泉，同时是企业的核心和企业品牌。这种产品事业部的特点是标准化程度较高、管理基础深厚和管理难度较低，因此，可以采取适当的集权。

而处在传统周边领域的产品则是企业效益的附加，具有一定的战略意义。这种产品事业部的内外部调整较大，须与传统业务协同产生高附加值，因此，可以实施部分授权，在管控平台上多以协同、合作等指标对其与传统产品事业部进行捆绑。

处在创新领域里的产品是企业未来效益之所在；其对于此事业部授权管理的成败依赖于创新投入与员工的能动性。在无一定的范式可寻、受市场用户影响较大和管理难度较大的情况下，充分授权显得尤为必要，要去除条框管理，充分发挥员工的主观能动性。

四、获得授权的程度与关键因素

虽然事业部授权分为四种类型，但是事业部作为独立的利润中心，都实行严格的成本费用及利润核算，这是实施事业部制的企业的共性，事业部实施的有效性也一般用利润和成本来衡量。不从总部的角度，而从已经实施授权的事业部的角度来看，可以借鉴决策理论，提炼出四个评价授权程度的标志（表5-3）。

表5-3 评价授权程度的标志

序号	评价授权程度的标志	解释说明
1	决策频度	事业部中较低层次制定决策的频度或数目越大，则授权程度越高

序号	评价授权程度的标志	解释说明
2	决策幅度	事业部中较低层级决策的范围越广，涉及的职能越多，则授权程度越高
3	决策重要性	决策的重要性可以从两个方面来衡量，一是决策的影响程度；二是决策涉及的费用
4	对决策的控制程度	如果高层次对较低层次的决策没有任何控制，则分权程度极高

经过进一步的研究发现，事业部获得多少授权的关键是总部对事业部 CEO 的信任程度。这种信任程度是通过持续突出业绩和良好的管理方式建立起来的。事业部 CEO 是否具备总部赋予的领导力基因，成为授权强弱的很关键的一个因素。

在此，列出几点授权事业部时的建议供各位一起探讨：

1. 商业环境和商业模式也影响授权行为。高管和事业部的利润成本并非评价事业部的唯一标准，对内外部因素的综合判断才是合理授权的基础。

2. 在考虑领导力建设和继任者计划时，如果是考虑打造事业部领导团队而并非一个自然人时，授权行为会更有效。

3. 建立关系与信任机制。事业部 CEO 或者高管团队最好有在总部的工作经验。

4. 输出授权的同时输出机制和资源支持，这是事业部创新或者完成经营使命的强有力战略行为。

REWRITING HUMAN RESOURCE MANAGEMENT

7 SKILLS

F _____ O _____ R

ORGANIZATION

DEVELOPMENT

第六章 组织流程

在过去的时代里，谁能发明新产品，谁就能在经济上取胜。但是，在 21 世纪，持续的竞争优势将更多地来自新的流程技术，而不是新的产品技术。反向工程已经成为一种艺术，新产品的仿制不再是难事。过去的首要任务"发明新产品"现在变成了次要任务，而过去的次要任务"发明和完善新流程"，已成为首要任务，因为它可以持续提高组织的业务绩效。

企业能否在大生态、大平台中保持高速发展，一定程度上取决于企业有没有一套完善的业务流程管理系统，最终使企业实现可持续发展。

第一节 ▍业务流程梳理：创造可见绩效

一、以顾客为中心的组织是什么样的组织

组织是指一个社会实体，具有明确的目标导向、精心设计的结构，与有意识协调的活动系统，同时又同外部环境保持密切的联系。

那么，以顾客为中心的组织是什么样的组织？

华为的客户经理、方案经理和交付经理构成了铁三角，然后直接服务于客户、服务于客户的需求，这样，客户的需求就能够及时得到响应和满足。而传统的组织就不是这样的，传统的组织有订单部、产品部、售后部等。这样直线职能型的组织有一个天然的弊病，就是"部门墙"，并且这一弊病很严重：订单部从客户那里收到订单后交给产品部设计，而对于客户需要什么样的产品，产品部得到的是二手信息，其并未与客户直接沟通，产品部完成交付后，售后部要处理该产品相关工作也会感到困惑，因为其并不知道订单部与产品部之前所做的工作。

所以说最痛苦的可能就是客户了，开始的时候是销售员，后来

是产品经理，最后是售后员，没有统一的说法，这种情况下，客户的满意度是最差的。但是以客户为中心的组织就会由一个掌握所有所需资源的人去集中与客户对接，权力也大，能够动用公司资源把客户所有的想法订制化地实现。

所以，以顾客为中心的组织是什么？就是以市场客户的需求和满足需求为己任而进行的流程循环，所有后端的行为、后端的岗位，都是围绕着这个大的循环去转。这就是以顾客为中心的组织。

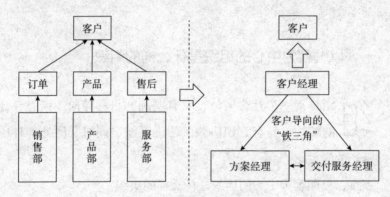

图 6-1　华为铁三角示意图

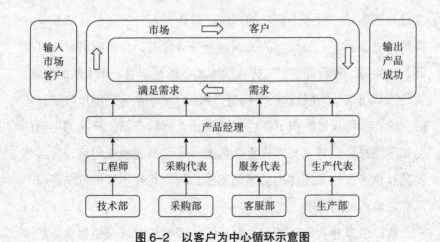

图 6-2　以客户为中心循环示意图

二、基于流程的战略绩效实现正在替代传统绩效

明确了以顾客为中心的组织之后，我们回到绩效的命题。以顾客为中心的组织能够创造更多的绩效，因为它能创造更多的、满足客户的需求，也能满足更多的角色安排，各种角色在客户需求的基础上可以提出较高的目标。

很多时候，我们提到的绩效都是传统绩效，是从公司的绩效开始分解到部门、个人的绩效。比如公司销售额 1000 亿元，那可能就是这分摊出来有几千万，完成后公司给奖励。但是当组织是以顾客为中心的组织时，就不光只有销售一个目的，还有客户的满意度，以及其他的一些相关需求。比如市场行为、满足市场的行为，甚至是品牌行为，以及要传递的品牌形象，这些绩效统统都可以赋予到各个员工身上。所以说，通过组织设计，可以创造更多的绩效。组织设计中最重要的一环就是业务梳理，把传统的业务梳理成以客户为导向的业务流程，就能创造更多的绩效，让整个的组织能够活起来。

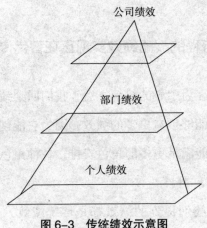

图 6-3　传统绩效示意图

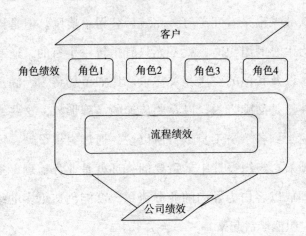

图 6-4　基于流程的战略绩效实现示意图

三、组织变革从业务流程梳理开始

组织变革是组织根据内外环境变化，及时对组织中的要素（如组织的管理理念、工作方式、组织结构、人员配备、组织文化及技术等）进行调整、改进和革新的过程。

企业对流程梳理的需求是比较多的，任何问题都需要流程梳理来解决。很多时候因为遇到了流程问题，就想看看流程的现状到底是什么情况。可是在流程梳理的工作中，会出现无法自拔的情况。为了梳理而梳理，会忽略核心的目的。流程优化是梳理的最终目的。流程优化和流程梳理密不可分，但是有着本质的区别。

流程梳理是让模糊的流程路线及一些职责清晰化，但流程优化重在提高流程的效率和流程效益，能够创造更多的绩效。定位在做流程时应定位在创造更多的绩效上。在流程梳理过程中，不要犯为梳理而梳理的错误，要尽量优化提升效率，从流程优化的角度去做。

换言之，不要把流程梳理泛化，即不需要梳理所有流程，在流程梳理过程中至少要满足二八法则。比如开会是一个流程，考勤也算是一个流程，这都是符合流程要素的。考勤是由一连串相互作用的活动组成的：员工打卡是第一步，第二步是由考勤专员收集数据，第三步是异常问题的处理和特批，最后一步是考勤专员把数据发给薪酬专员。它是有完整的输入和输出的，但这个流程就无须做梳理，因为这个流程本身就非常明晰，而且是可以用普通行政流程系统来控制的。OD 所关注的流程优化应该是以业务调研为先，进行绩效的节点创造，这应该是主要目的。顺理成章地，接下来就是建立流程体系。流程体系相对简单，主要是设计流程图，然后优化流程结构。什么是流程结构？就是点对点、端对端的关系。

第二步是界定流程，最后是整体优化，所以说，应该引起 OD注意的是流程项目千万不要做成梳理项目，而一定要做成优化项目。

流程管理是牵一发而动全身的管理，所以在流程梳理的过程中还可以把文化和管理体系建立起来。打造好的流程性文化，大家去遵守这个流程的权威，让所有人都知道文化在流程过程中有一定的营养，在整个的过程中树立好以流程为标准的文化，对文化的推进项目将是非常有益的。

所以说在做流程的过程中，OD可以联系OC（企业文化专员）一起去做这些事情。把OC也放在一个重要的位置上，通过数据把文化普及下去，改革成本也因此会减少很多。总而言之，第一，注重流程优化的目的。第二，注重流程目的性创造绩效。第三，文化也顺势而立。

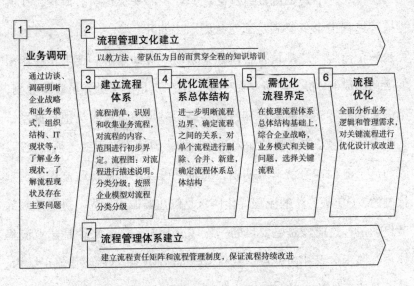

图6-5 基于业务流程的组织变形示意图

这样的一个流程优化方案，是把所有的职能梳理出来了，而没有把部门放在上面。OD首先梳理的是职能，而不是部门。流程优化的结果很有可能是重新部门化，这也是优化的一个主要目的。

流程项目的核心是拥有一张职能分布的流程建设图，如图6-6。清晰的大图对二级、三级流程的细化、优化工作更有指导性。

四、业务流程重组的主要内容

业务流程重组指通过对企业战略、增值运营流程以及支撑它们的系统、政策、组织和结构的重组与优化，达到工作流程和生产力最优的目的。它强调以业务流程为改造对象和中心、以关心客户的需求和满意度为目标、对现有的业务流程进行根本的再思考和彻底的再设计，利用先进的制造技术、信息技术以及现代的管理手段，最大限度地实现技术上的功能集成和管理上的职能集成，以打破传统的职能型组织结构，建立全新的过程型组织结构，从而实现企业经营在成本、质量、服务和速度等方面的突破性改善。

业务流程重组的内容，也是所创造绩效的部分。如表6-1，比如在生产周期中的等待和无效时间、运输、加工、库存，以及失误率，这是单向绩效，可能还有重复情况，这都是绩效的优化方向。简化过程不仅要做减法，甚至要做除法。比如，一些表格是否可以简化掉？企业里面填的表格实在太多了，可我们以用一张大表统计出问题，剩下的都是支表。很多流程简化的项目就是简化表格的过程，用一张大表来解释所有的表，然后依据这张大表进行分解，这样会简化很多工作、创造出更多的绩效。最直接影响就是时间缩短了，重复率会减少很多。所以说"简化"在企业中，尤其是在流程

159

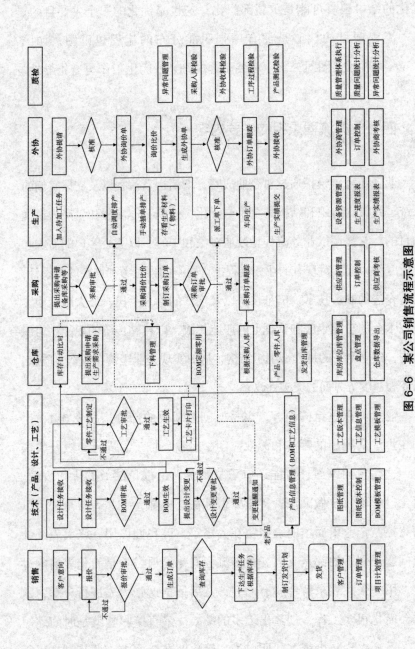

图 6-6 某公司销售流程示意图

梳理过程中，是非常有价值的一项工作，再加上一些程序沟通技术技巧，会使流程更加完善和系统。

还有一种流程干预是自动化，现在称为智能化。一些重复率比较高的工作，是否能够用智能去解决？数据的采集和传输工作，包括数据类的事情，能否用软件甚至人工智能来完成？科技发展到今天已经非常发达，OD 也要充分拥抱科技以产生赋能，这都是在业务流程重组过程当中的绩效节点。比如说建立的一套系统能让整个公司非常高效地运作，这本身就是在提升绩效。所以说 OD 做的都是干预策略：干预企业低效的东西，让它高效化。

表6-1　业务流程重组的主要内容

清除/减少	简化	整合	自动化
过量生产	表格	工作	乏味工作
等待时间	程序	团队	数据采集
运输	沟通	顾客	数据传输
加工	技术	供应商	数据分析
库存	流程		
缺陷/失误	问题区域		
重复			
转换格式			
检验			
协调			

五、业务流程分解才能创造更多可见绩效

业务流程的分解和再造过程，是一个流程节点重新设计的过程。做流程的时候很多人是从工作的职能去捋顺，还有的是从客户需求去捋顺，甚至是从效率角度去捋顺。其实，万变不离其宗，就在于关键节点，找到关键节点、去讨论关键节点的问题，就能把流程梳理清楚。

如图6-7，这是一个石油化工类的企业，业务板块非常多，它有六大板块，所有的业务流程都会进入这个系统。对这个系统的控制是一个非常大的节点：进入之后是销售还是采购，是财务还是资产，四个大项的分解是核心流程；再进入账目，账目的管控是另一个重要节点；最后进入汇总的财务报表。也就是说，对一系统、二明细账、三总账、四财务报表，四个节点进行控制。一般来说会形成文件类的东西，文件表单表格需要去确认的或需要会签的，或者需要某一个人或某一个团体去看的，都会是绩效节点，也是流程的节点的一个重要的标志。

在做业务流程分解的时候，要把握住关键节点，也就是关键类的文件，然后再造流程就会更加高效地完成。

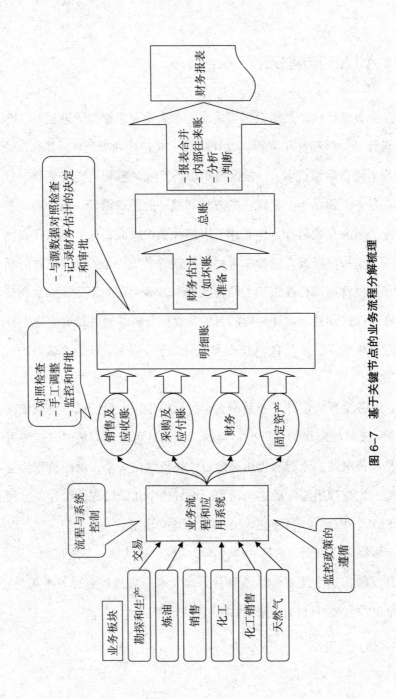

图 6-7 基于关键节点的业务流程分解梳理

163

六、业务流程设计

业务流程设计是指根据市场需求与企业要求调整企业流程，包括设计、分析和优化流程。设计阶段主要包括两项任务：其一，透视现有流程质量；其二，根据当前市场需求调整现有业务流程。这两项任务必须基于一套统一的方法和统一的描述语言。设计阶段要解决"何人完成何种具体工作、以何种顺序完成工作、可以获得何种服务支持，以及在流程中采用何种软件系统"等问题。通过分析过程可以掌握流程在组织、结构及技术方面存在的不足，以及明确潜在的改进领域。设计阶段的目的是根据分析结果并结合企业目标制定目标流程，并在 IT 系统中实施有助于今后为企业创造价值的目标流程。

业务流程的设计主要是两大步、六小步，一般情况下是三级流程：一级是战略级的，即公司级的，二级是可能部门级的，三级可能是岗位级的。流程梳理出来之后，先梳理出表单，就跟梳理岗位一样，先梳理出流程的这个清单，编好这个几级流程的编号，方便做 ERP、做 OA，然后把流程名称清晰地写出来。

流程名称跟岗位名称一样，不要含糊。确认每一个流程的名称，使其反映出这个流程的性质和状态，大家一看流程名称就看得懂。这个过程完全可以从梳理岗位的角度去理解。

七、职能部门如何创造绩效

很多人说这个业务部门创造绩效好：增加几个点，本来是 10%，后来 12%，或者是今年销售额 3000 万元，然后 3200 万~3500 万元，这都是可以创造的。那么职能部门怎么创造绩效？职能部门创造绩效主要靠是效率。效率是职能部门创造绩效的一个关键点。

是不是能够有效地完成整个业务流程，这就是一个绩效。在整个流程中，创造了多少绩效的指标和目标，这就是第二个绩效。在整个的流程中有没有把控风险？有没有对接的内控体系？这就是第三个绩效。职能部门创造的是效率：创造了效率绩效本身的指标、避开了风险、提高效率、创造更多的机会，这就是职能部门的绩效方案。真正的绩效本身就是效率指标和风险控制。指标也应该如此，从这个方向去创造绩效。

如图 6-8，职能部门一定要在了解业务的同时超前于业务，用管理方法以及工具，超越业务本身去设计、去优化，从战略层面和从未来看现在的角度去看现在的管理。这种超前的认识是在做整个细化的过程发现的，只有在小的过程中才能洞察到大的情况。就像当年的阿里一样，淘宝做得风生水起，谁也没有想到淘宝的支付过程能形成现在的蚂蚁金服。当一个点能够放大到整个集团和战略层面的时候，绩效本身的价值就会非常大。

这是终极的职能部门绩效。这种点一般情况下都是业务部门发现，如果能够在这个点上有所突破，会创造更大价值的绩效。所以说，在小的绩效流程梳理中，可能会发现新的商机、新的商业模式。

一级	二级	三级	流程名称
WZ			**物资管理**
	WZ-01		物资策略管理
		WZ-01-01	采购品分类
		WZ-01-02	供应商及市场分析
		WZ-01-03	制定采购策略
		WZ-01-04	公司物资系统采购分工管理流程
		WZ-01-05	公司物资系统组织网络管理流程
		WZ-01-06	统一编码管理流程
	WZ-02		需求计划管理
		WZ-02-01	公司统采购计划管理流程
		WZ-02-02	供电局采购计划管理流程
		WZ-02-03	公司统招采购计划变更管理流程
		WZ-02-04	公司统招采购计划变更管理流程
	WZ-03		采购管理
		WZ-03-01	招标管理流程
		WZ-03-02	公司统招合同签订流程
		WZ-03-03	供电局采购合同签订流程
	WZ-04		履约管理
		WZ-04-01	采购合同执行
		WZ-04-02	合同变更流程
		WZ-04-03	公司统招采购争议处理管理流程
		WZ-04-04	供电局采购争议处理管理流程
		WZ-04-05	设备监造管理流程

1 收集流程 ▷ 汇总整合 ▷ 分类分级

- 此方法可以普遍适用
- 好处在于不了解企业具体业务时，也可以正常进行
- 风险在于由于最初没有一个整体分类，整理过程中可能不易发现缺少流程

2 初步分类 ▷ 收集流程 ▷ 二次分类分级

- 此方法需要对企业的业务有了基本理解后进行
- 好处在于初期就确定了基本框架，流程缺失和重叠的情况会减少，整合效率高
- 风险在于如果初步分类不当，可能影响客户客观提供相应流程的信息

图6-8 业务流程设计示意图

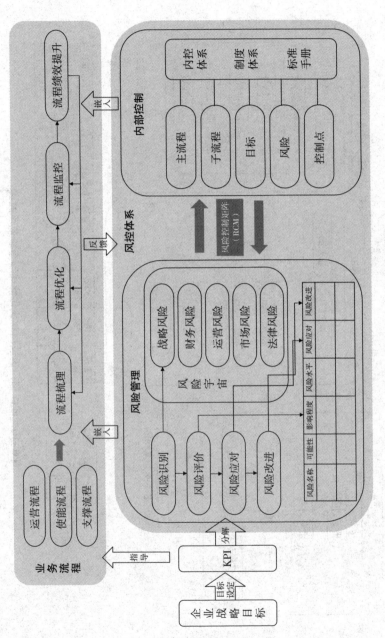

图 6-9 职能部门规避风险创造绩效

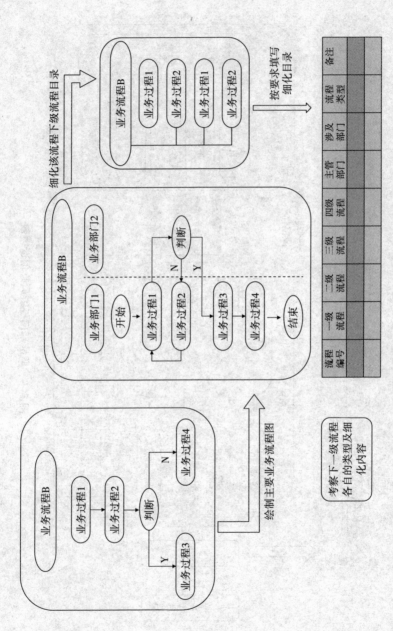

图6-10 职能部门通过预判优化管理创造绩效示意图

第二节 ┃ 组织扁平化的本质：无流程不扁平

组织扁平化一推广，便流行，很多企业纷纷效仿。"去层级""去中心"一时成为热词，"瘦身健体"也成为央企改革的目标。所谓组织扁平化，就是通过破除公司自上而下的垂直型结构，减少管理层级、增加管理幅度、裁减冗员来建立一种紧凑的横向组织，使组织变得灵活、敏捷，富有柔性、创造性。古典学派提出的"管理幅度原则"也指出：管理幅度是有限的，管理幅度以算术级数增加时，管理者和下属间可能存在相互交往的人际关系数将以几何级数增加。同时由于管理者自身的知识、经验、精力和能力有限，其所能管理的下属人数也很有限。

一、削减层级引发"阁楼问题"

由于信息量、管理幅度以及相互人际关系指数将随着下属人数的增加而增加，因此决策者的信息和命令从众多管理层传递到人数最多的基层不仅耗时长，且传递过程中会出现对信息的干扰、偏差、错误和失真。在数据信息指数增长的今天，传统的层级结构组织形式遇到了强大挑战，因此扁平化组织结构逐渐成为一种趋势。

图 6-11　压缩层级示意图

很多企业在实施组织扁平化的时候，在理解概念上难免有些"简单粗暴"：在对员工素质没有盘点的前提下盲目推行"扁平化"管理结构。去掉管理的中间层级，结果却是没有人关心公司的目标和战略。或者各人都按照自己的理解自行其是，或者没有命令式的工作任务；要不就是自行偷懒，要不就是有任何想法也不告知同事获知意见，而是直接找领导汇报，管理者因此积压了大量的待处理信息和数据。对企业本身，盲目地扁平化式的裁员成为组织发展变革失败的原因。

以笔者经历过的一次组织设计项目为例：一家传统生产制造企业里组织架构虽然简单，但是矛盾特别多（如图 6-12）。

1.各个部门和各个分厂之间的矛盾。一些小事经常要闹到公司高管层面。

2.各个部门之间互相推诿，分厂有问题找不到负责人。

3. 分厂与分厂之间没有沟通，导致生产了较多重复性产品、出现大量重复性工作。

4. 高管不得不直管分厂，然后再分配给职能部门，"员工很忙"变成"领导很忙"。

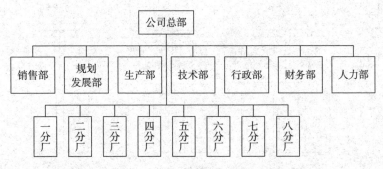

图6-12 某生产制造企业组织架构

深度调研之后，发现问题的症结在于上一个季度的组织架构调整：原本该企业一共有五大层级，在现有基础上还存在分公司和分公司职能部门，由于有"扁平化"的需求，所以将分公司和分公司的职能部门一并去掉。层级减少了，人员也相对灵活了，但是这两级犹如"阁楼"一样，拆除中间一层后，上下两层的衔接就必然出现问题。很多人员反映，要恢复之前的五个层级。

扁平化组织结构的精髓在于能力和资源可以自由流动且流向最需要之处。它并没有统一的结构或模式，它具有的是一种新型团队式组织。这种组织结构紧凑而富有弹性，强调系统、管理结构的简化、管理幅度的增加与分权，因此组织层级减少只是扁平化的结果和表现。

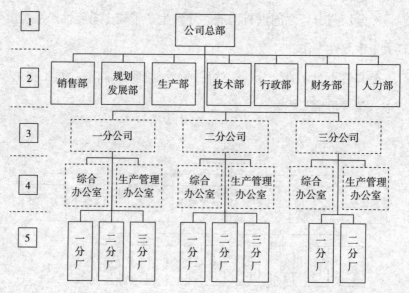

图 6-13　某生产制造企业改革前组织架构

二、顽固的层级制

　　"层级"是一个无处不在，却一点也不可爱的社会学名词。从自然界到人类社会无处不拥有层级高低，尽管很多人不认同，但是"层级制"依然广泛存在。无论是天子、诸侯、卿大夫、士、平民，还是婆罗门、刹帝利、吠舍、首陀罗，都是通过层级制体现的一种尊卑次序，能够满足人们对地位和权力的渴望。从管理学上来讲，层级制之所以能够广泛存在，与组织职能的有效性有关。换言之，随着人员数量增加和规模扩大，人们对控制和协调的管理行为难度越来越大，层级的出现充分体现了区别级别间权力和责任的需要。层级制的优点不必多说：层级节制、责任清晰、行政目标和激励人们晋升都被有效地应用在各个层级制的组织中，而信息传递缓慢和失真、效率低下，则成为层级制和现代快捷管理间一对不可调和的矛盾。

尽管对层级制有很多非议，但是很多大企业还是普遍认为，很难避免多层级制。对于大型、复杂的组织进行控制和协调，有必要任命一批管理者分担任务、分享经验。监督和控制也是大型企业在管理行为中必须设计一项工作，它也同时被赋予中层级的管理者，达到金字塔式的管理模式稳定与平衡。

表 6-2　传统科层结构与扁平化层级结构的优劣势

	金字塔式层级结构	扁平化层级结构
特征	最高层与作业层之间层次众多 每个层次管理幅度比较小	管理层次少，管理幅度大且结构扁而平
优点	①严密监督、控制 ②主管人员同直属人员联系沟通 ③各级主管职务位置多，为下属人员提供较多晋升机会	①管理费用减少 ②沟通联系渠道快 ③减少信息失真 ④更多授权，有利于激发下属热情
缺点	①层次多引起管理费用增加 ②信息传递时间长 ③信息内容被扭曲 ④给社会带来等级身份改变	①管理人员负担重，难以对下属进行细致指导 ②下级人员需要自动、自发、自律，易失控 ③同级之间的沟通比较困难

三、简化组织管理层级的方法

那些减少了传统层级的级数、垂直关系朝向水平关系发展成功的企业，对网络通信技术的应用也是较为广泛。这些即时通信工具的应用，使信息能够及时共享，使沟通成本骤降。因此，高新网络技术是简化组织层级，尤其是信息流方面一个方法之一。

此外，近年的结构性裁员也是越来越频繁。组织的规模化是导致层级密布的主要因素，结构性裁员的频繁应用，成为简化组织层级的直接手段。美国从 20 世纪 80 年代开始到现在，每年都有大型裁员企业出现，大部分原因均来自环境的变化——环境带来的竞争压力使企业不得不缩减庞大的科层组织机构。最开始是以每部门按照一定的比例进行"反应性"裁员，到现在逐渐形成流水线式的、业务部门的"战略性"裁员；其发展趋势也是从单纯的业务裁员到越来越关注管理结构和管理成本。2016 年，英特尔、东芝、诺基亚相继裁员，原因除却业务转型就是管理成本考虑。

充分授权也是组织扁平化变革的有效方法。扁平化本身是一种权力下移的组织特征，减少了决策在时间和空间传递上的延迟。企业只有在内部给员工提供更多的自由空间，才能更大程度地发挥员工创造力与凝聚力。充分授权的同时还可以增强员工的参与感与积极性，成为激活个体的创新方式。

综合各方面因素，笔者总结出了组织瘦身的"六脉神剑"，企业可以从这六个方面进行组织扁平化的变革，只有综合运用"六脉神剑"，才能达到新组织的新平衡。

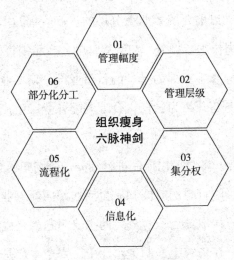

图6-14　组织瘦身六脉神剑

四、减层级，组团队，向流程组织"瘦身健体"

当梳理好具体思路之后，之前提到的案例中的问题就迎刃而解。先从生产端进行分析，我们发现八个分厂只是产品不同，而大体可以分三大类产品，前两类产品是主产品，担负着全公司绝大部分的收入，而三分厂和六分厂主要生产主产品，在其生产过程中，产出的低端副产品，虽然占整体收入比例较小，但是产量丰富，同时拥有稳定的客户群体。

于是我们当即进行了三个方面的改革设计：

1. 分拆与重新整合销售部和生产部。销售部的主要职能是客户订单跟踪，新客户开发率较小；三大产品各由几个岗位负责，将其按照产品线拆分。生产部门的主要任务是在销售部门下单后进行生产计划的管理，以前要统筹八大分厂的生产管理，繁杂且忙乱，现在也将其按照岗位进行拆分，与销售部的各产品销售人员进行整合，形成以原销售部和生产部为基础的新事业部。新事业部以产品为中心，以客户服务与开拓为己任，合理调配各分厂生产资源，灵活处理客户订单。

2. 分厂整合。各分厂以产品进行划分，分别归属到新事业部下，生产方向以及影响订单的时间和质量问题都向新事业部汇报。经深度诊断，各分公司取消后，各分厂的主要问题就是生产上的问题无法找到对接人。在传统生产制造企业中，安全生产是第一要事，不可不察。因此解决分厂的生产问题是组织健体中的第一要务。

3. 各职能部门与分厂进行职能对接。规划发展部、技术部、行政部、财务部、人力部分别厘定出服务职能，对分厂的各级职员进行支持，提倡窗口式服务，对于任何需求应当做到有标准、有流程、有时间节点、有积极主动的"四有"。"一切为了前线的胜利"，成为这五个部门的新口号。

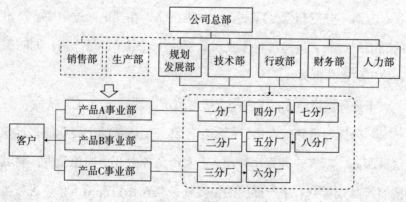

图 6-15　二次组织变革架构

　　此番的"二次组织变革"得到了高层的大力支持，在关键人才的选拔上，也进行了人才盘点。对于三个产品事业部的负责人人选，我们建议考虑之前的分公司正副负责人；对于后台支持的五个部门窗口的人员，也充分考虑之前分公司的职能部门人员，因为让了解生产和懂得生产的人进入核心岗位，更有利于流程的效率和效果。

　　本次设计干预充分体现了"前台—中台—后台"的流程化思想，活用了事业部制和矩阵型组织架构。实施该架构半年以来，该企业从开始的较陌生到现在的非常适应的情况也充分表明了该设计对效率效能的提升和对"瘦身健体"的功能的强化。

第三节 ┃ 流程型组织建设三阶六段法

由于流程型组织还只是新兴的组织，所以在流程型组织实践过程出现了很多概念。比如流程负责人、流程业务架构和流程架构等。然而对于流程型组织，需要走出对概念争论的误区，走到实践的队伍中。关于流程型组织的定义有很多种，其中最典型的有以下三种。

1.以组织目的为导向的流程型组织。以端到端流程的有效执行为基础，将以上级满意度为目标改变为以客户满意度为目标的管理模式。

2.以组织协同为导向的流程型组织。通过端到端流程涵盖各个岗位、有效配合以及部门之间的业务协同，建立以提高组织整体绩效为目地的管理模式。

3.以结构扁平为导向的流程型组织。将传统多层级的职能管理模式改变为一种扁平化的组织管理模式，打破职能部门之间的隔阂，解决业务或部门间的责权利问题。

流程型组织强调以组织各级各类流程为基础，以核心流程为中心进行动态梳理，企业的各种流程及其关系也要以如何快速响应市场需求为目标，完善优化企业流程，并调整组织架构。流程型组织是一种极富弹性的柔性化组织，能适应信息社会的高效率和快节奏。

虽然对流程型组织的定义多种多样，但是它们的基本特征是一致的。

1. 一切以客户为中心；

2. 管理幅度宽、管理层级少，呈现扁平化的趋势；

3. 需要专门的流程管理团队来维护并监控流程的执行；

4. 以流程为基础，确定人员分工，规划组织者职责。

流程型组织架构跟职能管理的组织架构本质的区别是将组织架构变成了"以客户为 C 位，而高管团队处于'后勤部长'位置"的结构。这个组织结构的模式秉承客户第一、员工第二、高管第三的理念，只有这种模式才能真正体现流程型组织端到端的客户服务理念。

流程型组织尽管是未来组织管理模式的发展方向，但不是短期内能建成，对于国内组织，尤其是企业来说，建立流程的相对周期会比国外先进企业要长很多，主要有几点原因。

1. 国内企业组织普遍靠经验工作，如果没有强大的推动力很难改变。而今很多大企业的高层下了很大的决心，投入了很多的资金资源，在逐渐改变这种情况，但是不是所有的组织决策者都有这么大的魄力？这很难说。

2. 大部分企业的管理还处在初级阶段，甚至还停在老板个人的控制手段上，把控制和处罚当管理，还没有真正理解和实践管理。

3. 很多企业组织的经理们都是执行者，或者说最多就是高级执行者，普遍管理能力和经验不足。各位管理者都是摸爬滚打自己闯出来的，大多都采用纯自然的管理方法和手段，接触和了解管理理念的实践比较少，导致管理者擅长执行，却不擅长管理。而流程型组织的管理模式跟职能型的管理模式相比就显得更加复杂，不容易操作，需要管理人员的整体素质和理念的高度统一。

在有了对美好组织的憧憬、又有了对前进路上的困难的认识后，再来看流程型组织建设，将会更加合理，也会少走弯路。笔者在此基础上，提出流程型组织建设的三阶六段法（如图 6-16）。

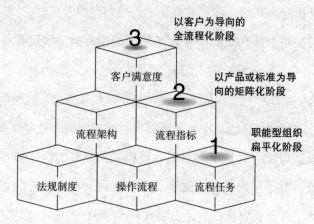

图 6-16　流程型组织建设三阶六段法

一、第一阶段：职能型组织扁平化阶段

这一阶段的关键词是：法规制度、操作流程、流程任务。

流程型组织的首要任务是将管理幅度变大、管理层级减少进行的扁平化建设。组织扁平化会使权力下移，同时还能使不同的部门和单位之间更容易地进行沟通和合作，组成临时性团队，团队人员也可以来自不同部门和不同级别，组织扁平化和团队组建互为补充，能够更好地发挥职能的针对性。单纯地减少层级势必使管理人员的管理幅度加大，同时也对管理人员的素质要求大大提高。管理幅度越大，要求就越严格、越全面，当缺乏这样的管理者时，很多企业又配备副职从旁协助，这样便容易使正副职之间的职责划分不清，使职能错位等现象产生。因此在这个阶段需要法律制度、操作流程和流程任务来约束和固化组织的扁平化。

二、第二阶段：以产品或标准为导向的矩阵化阶段

这一阶段的关键词是：流程架构、流程指标。

层级向团队转化意味着权力已经不再属于管理者个人，而属于一个团队，团队中应该具有一定专业知识与技能、掌握决策所需信息的项目经理。一旦将运营流程整合并简化，就可以将一个职能部门的负责人的单独职权界限瓦解，随之消失的还有职能间的缓冲时间；市场、销售、生产和人力必须聚集在一起，决定调价和促销；必须快速响应，一天之内可以决策的事情，就不必经公文流传、上传下达一个月时间。在互联网时代的今天，快决策本身就是一种战略。有了项目经理就成了矩阵化组织，以流程为基础的矩阵组织优势非常明显，除了决策快以外，还有一大优势就是可以多任务同时进行，而且效率非常高。这个时候流程架构和流程指标就会出现，同时也要有计划地去建立。

三、第三阶段：以客户为导向的全流程化阶段

这一阶段的关键词是：客户满意度。

一家传统食品加工企业的电商化案例给了我们很多启示：该企业从传统层级制组织重组为线上运营团队，层级数从 15 减少为 5，运营团队来自各领域相关人士中的中层管理者组织，他们拥有制定、实施、管理运营的决策权。这个企业还成立了很多以产品线为链条的团队，以及流程优化、薪酬激励和知识管理等团队。由于团队本身的贡献价值能够有效衡量，所以团队与团队之间的相互合作与价值交换成了下一步主要探讨的课题，同时提上日程的是将层级级数减少到最低水平，因此"不授权的领导"和"不合格的中层"将成为主要裁员对象。能够为客户解决问题的人成为流程的初始，用他们来调动组织内部的各项资源。这个时候，客户满意度这种指标就会成为首要价值。一个泛泛的五星好评能够评价一切，这就给组织产品、服务以及运营发出了较大的挑战。

在流程型组织架构中，将结束传统的职能分工与专业化协作方式，取而代之的是统一性、系统化的流程管理：责、权、利的配置在业务流程上，团队成为最小的价值单元，不同团队完成不同的业务流程，流程之间形成价值交换关系，这时客户与团队形成了一个整体，共同创造价值。

REWRITING HUMAN RESOURCE MANAGEMENT

7 SKILLS

F ——————— O ——————— R

ORGANIZATION

DEVELOPMENT

第七章 组织干预

　　全球正在由信息时代的第一阶段——IT 时代，转入第二阶段——DT 时代。越来越多的人都已经注意到，工业时代的组织管理范式，正在走过成熟期。近年来关于未来组织变革的实践已有了较大的进展，外在的、显性的静态结构，"大平台 + 小前端"，以及隐性的、内在的动态结构，"动态网状化""云端制"趋势已经显现，值得进一步关注和研究。

　　组织模式的变革，不只是商业话题，而与企业、社会和政府紧密相关，具有深远的影响。

第一节 ┃ 组织发展干预策略

近年，短时间内迅速崛起的互联网企业已经对传统竞争构成颠覆之势，快速响应、迭代更新、激活个体已经成为传统企业的变革方向，随之而来的组织发展也开始贴近互联网思维，"网状结构""扁平化""平台组织和项目制"等迅速成为热词。

一、组织发展干预是为了获取竞争优位

组织发展究其本质，仍是变革管理。海尔的人单合一，苏宁的互联网零售转型都是组织发展超越传统战略的表现。互联网带给管理世界五个主要变化。

1.动态竞争提速

这与传统组织理论天然存在着矛盾，传统组织需要一个静态的稳定的架构，其设计都是以组织架构的稳定性过渡或稳定性存在为前提的，要求新设置的组织机构具有一定时期的稳定性，能将旧的机构平

稳过渡到新的机构，人员的岗位调整能顺利平稳过渡到新的部门和岗位。而现实快速的竞争变化，对稳定的组织带来严重的冲击，在企业内部很典型的一个表现就是员工入职快、离职也快。

2. 个体能力得到充分的发展

原来个体能力是组织能力的一部分，个体脱离组织便很难获得资源。现在，互联网让个体资源得到充分的发挥，个体可以成立自组织、工作室等。现在新兴人才对工作自由的渴望度大大超越以前任何一个时候，其正向影响是个体自身才能得到肯定和价值回报，负面影响即个体对组织的忠诚度直线下降。

3. 和跨界融合变得普遍

很多产业领域中的大型企业相比于创业型企业，更容易遭遇增长的天花板，以固有的业务模式与经营方法，突破自我极限几乎不可能。在经济重塑的企业竞争格局中，跨界融合、利用资本手段开辟新天地已经成为不二的选择，而创业企业天生就带着颠覆色彩，从行业与行业间寻求边缘效应，也自然成为跨界融合的一分子。

4. 组织间的联盟

对于化解企业外部需求的趋同、战略管理过程的僵化、自身资源的匮乏、组织柔性的不足等潜在风险，组织与组织之间形成了强弱的新联系与新关系——组织联盟。它作为一种极为重要的中间组织形态，成为企业互补资源、能力和知识体系的存在，在联盟内部，可以吸收大量的客户共享、知识、经验和技巧，进行消化和创新，能有效改善企业自身的流程，增强企业竞争优势。

5.商业角色转换

众所周知，当云计算、物联网、大数据等新技术、新应用蓬勃涌现的时候，过去"以厂商为中心"或"以产品为中心"的商业角色也发生了巨大的变化。一方面，市场上的供应商变得越来越多，整合型的平台性企业渗透打开了信息交换的壁垒。另一方面，传统的上下游渠道模式被"以客户为中心"的相互合作以及支持关系的新 IT 生态系统所取代。

外部环境的深切变化以及频繁的"黑天鹅事件"促使组织内部发生着变革。组织发展正好承担了这一角色，是为提高一个组织解决问题的能力及在其外部环境中的变革能力而作的长期努力。新兴企业转型较快，而在传统企业或已形成规模的企业中进行变革阻力重重，对这些转型较慢的企业，组织发展的角色就该利用变革过程、利用行为科学知识，在组织的"进化"中实施有计划的干预。

二、组织发展干预策略主要是解决变革中的冲突

变革阻力和冲突是组织发展面对的主要问题。组织之间的冲突是不同组织间在资源流动过程中产生的分歧，在知识、利益、权力、资源、目标、方法、意见、价值观、程序、信息和关系等方面，冲突各方相互对立又相互依赖。组织冲突具有二重性，既具有建设性

又具有破坏性，建设性冲突往往是利益分配不平衡的表现，它是积极的，只要消除分歧、协调行动，就能保持活力。破坏性冲突则是消极的，达到一定程度后就会失调，组织之间的关系就会恶化，从而影响整体目标，甚至导致组织解体。

表7-1　冲突对组织的影响

	消极影响	积极影响
对组织生存发展的影响	冲突达到一定程度后，双方不关心整体利益，使得组织在内乱中濒临解散	冲突本身是利益分配不平衡的表现，迫使组织成员通过妥协和制约调节利益关系，使各方在可能的条件下均得到满足，维持内部相对平衡，使组织在新平衡上再发展
对组织绩效的影响	互相扯皮、互相攻击，转移对工作的注意力，政出多门，互不同意，降低决策和工作效率，争夺资源与利益，造成成本指标高昂	促使考虑问题全面性，决策更周密
对工作协调的影响	导致人与人之间、团体与团体之间不配合、信息封锁、拆台、破坏组织协调统一	会发现以前没有察觉到的不协调工作，发现对方的新价值与新流程
对工作动机的影响	成员情绪消沉，心不在焉，不愿意服从有冲突对立方领导的指挥，不愿意与相关同事配合，工作意愿下降，工作动机转移	发现与相关者之间的不平衡，激发竞争、优胜、取得平衡的工作动机，可以激发创新精神
与人际关系的影响	导致人与人之间的排斥、对立、威胁、攻击，使得组织涣散、削弱凝聚力	加强对对方的注意，一旦发现对方的力量、智慧等令人敬畏的品质，就能增强吸引力，能够促进团体成员一致对外，抑制内部冲突
对成员心理的影响	带来损害，引起紧张、焦虑，使人消沉，增加人际敌意	适应者会清醒地认知事情的原委，看清弱点所在，实现改善与进步

适度冲突是可以激发创造力、培育创新萌芽，能够使组织有生命力的。但是长期的、持续的、循环复始的、激烈的冲突会使组织陷入混乱。

三、组织发展干预方法

组织发展干预方法主要为以下五种。

1. 结构干预

通过有计划地改革组织的架构，改变其管理层级和管理幅度、汇报关系和集分权度的干预技术，是影响工作行为和员工关系的干预技术。结构干预也是近年来较为流行的方法，各大企业都积极立项，进行组织架构调整。

2. 人文干预

通过沟通、决策制定和问题解决等方式改变组织成员的态度和行为的技术，主要包括敏感性训练、调查反馈、质量圈、团队发展等。

3. 全面质量管理

组织以质量为中心，以全员参与为基础，目的在于通过顾客满意和本组织所有成员及社会受益而达到长期成功的管理途径。在全面质量管理中，质量这个概念和全部管理目标的实现正相关。

4.流程干预

在传统以职能为中心的管理模式下，流程隐蔽在臃肿的组织结构背后，由于部门间沟通壁垒严重，流程运作复杂、效率低下、顾客抱怨等问题层出不穷。在组织发展思维中，为了解决企业面对新的环境以及在以职能为中心的管理模式下产生的问题，必须对业务流程进行重整，从本质上反思业务流程，彻底重新设计业务流程，以便在质量、成本、速度、服务上取得突破性的改变。

5.人力资源干预

人力资源管理技巧的创新或改善。导入最新的工具和方法，在选拔中更关注技能和经验，重新设计任务和激励机制等都属于人力资源干预。很多结构性裁员、结构性增员也都属于人力资源干预策略内容。

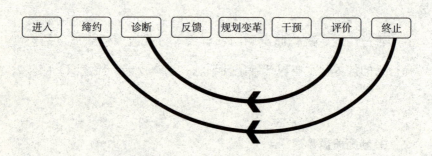

图 7-1　组织发展过程

组织发展过程呈现不断向前发展的姿态，是一个数据收集、诊断、行为规划、干预和评价的系统过程。它致力于增强组织结构、进程、战略、人员和文化之间的一致性，开发新的、有创造性的组织问题解决方法，以及发展组织的自我更新能力。这是组织员工与使用行为科学理论、研究和技术的变革推动者之间进行的合作。

第二节 ┃ 组织层面干预

除了个体干预、团队干预和过程干预之外，还有旨在跨组织的工作干预措施。当然，根据系统理论，各级干预都会在一定程度上影响整个组织。在组织层面有十四种主要的干预方式。

一、干预方式：组织设计

当人们不完全了解组织发展的综合性时，通常会想到这种干预。组织设计采用结构化方法进行组织变革。简单来说，它可以直接反映在组织结构图中。根据公司战略设计组织和管理模式、提出组织结构的主要问题和优化计划，澄清部门的职能责任和权限。

组织设计项目干预的步骤：

1.确立组织目标：通过收集及分析资料，进行设计前的评估，以确定组织目标。

2.划分业务工作：一个组织是由若干部门组成的，根据组织的

工作内容和性质，以及工作之间的联系，将组织活动组合成具体的管理单位，并确定其业务范围和工作量，进行部分的工作划分。

3. 提出组织结构的基本框架：按组织设计要求，决定组织的层次及部门结构，形成层次化的组织管理系统。

4. 确定职责和权限：明确规定各层次、各部门以及每一职位的权限、责任。一般用职位说明书或岗位职责等文件形式表达。

5. 设计组织的运作方式：包括 ① 联系方式的设计，即设计各部门之间的协调方式和控制手段；② 管理规范的设计，即确定各项管理业务的工作程序、工作标准和管理人员应采用的管理方法等；③ 各类运行制度的设计。

6. 决定人员配备：按职务、岗位及技能要求，选择、配备恰当的管理人员和员工。

7. 形成组织结构：对组织设计进行审查、评价及修改，并确定正式组织结构及组织运作程序，颁布实施。

8. 调整组织结构：根据组织运行情况及内外环境的变化，对组织结构进行调整，使之不断完善。

二、干预方式：组织内调查

组织发展在缔约之后就需要进行诊断，诊断的方法之一就是在公司范围内进行调查。一旦开展了调查，变化就会随之产生，因为员工们的期望值发生了变化。

组织内调查方法，在此只列举三个方式。

1. 观察法

观察法是调研人员通过观察被调研者的活动而取得一手资料的调研方法。在实际操作中，一般由调研人员采用耳听、眼看的方式或借助各种摄像录音器材，在调研现场直接记录正在发生的行为或状况。观察法是一种有效的收集信息方法，与其他方法相比，观察法可以避免让调研对象感觉到正在被调研，被调研者的活动不受外在因素的干扰，从而提高调研结果的可靠性。

2. 专题讨论法

专题讨论法是指邀请 6 ~ 10 人，在一个富有经验的主持人的引导下，花几个小时讨论某一个话题，如一项服务、一种设计要素等。主持人应保持客观的立场，并始终使话题围绕在本次讨论的专题上，激发参与者进行创造性思维，自由发言，所以对主持人的素质要求较高。谈话应在轻松的环境下进行，如在家中并通过供应饮料使大家随便一些，从而得到较自然真实的看法。

3. 问询法

问询法是指通过直接或间接询问的方式搜集信息，它是一种常用的实地调研方法。问询的具体形式多种多样，根据调研人员同被调研者接触方式的不同，可以分为面谈、电话问询、邮寄调研和留置问卷等方法。

三、干预方式：学习型组织

学习型组织的概念是由美国学者彼得·圣吉在《第五次修炼——学习型组织的艺术与实践》一书中提出的，并得到了提升。它指的是那些有能力在不断发展的过程中学习、适应和改变的组织。"这些组织的价值观、政策、实践、制度和结构支持并加强了所有员工的学习。"

学习型组织的特征有以下三点。

1. 组织成员拥有一个共同的愿景

组织的共同愿景，来源于员工个人的愿景而又高于个人的愿景。它是组织中所有员工发自内心的愿望，是他们的共同理想。它能使不同个性的人凝聚在一起，朝着组织共同的目标前进。

2. 组织由多个创造性个体组成

在学习型组织中，团体是最基本的学习单位，团体本身应理解为彼此需要他人配合的一群人。组织的所有目标都是直接或间接地通过团体的努力来达到的。

3. 组织的边界将被重新界定

学习型组织的边界的界定，建立在组织要素与外部环境互动关系的基础上，超越了传统的根据职能或部门划分的"法定"边界。例如，把销售商的反馈信息作为市场营销决策的固定组成部分，而不是像以前那样只作为参考。

四、干预方式：组织学习

组织学习要求组织从失败和成功经验中学习，最好是成为一个善于发现和学习的组织，而不是责备和指责他人犯错误。

1. 在组织内部建立"组织思维能力"。学会建立组织自我的完善路线图。组织成员在工作中学习，在学习中工作，学习成为工作新的形式。

2. 学习、思考和创新。学习是团体学习、全员学习，思考是系统、非线性的思考，创新是观念、制度、方法及管理等多方面的更新。

3. 系统思考。只有站在系统的角度认识系统，认识系统的环境，才能避免陷入系统动力的旋涡里去。

五、干预方式：文化转变

企业在长期的发展过程中，会积淀并形成独特的企业文化。在企业发展的不同阶段，企业文化所包含的企业精神及价值观都有着不同的时代内涵。

1. 顶层设计 + 基层实践

企业文化重塑不能只靠上层"一厢情愿"，必须把顶层设计和基层智慧、顶层拉动和基层推动结合起来，使转型更具系统性、整体性、协同性。

2. 管理变革＋环境营造

由于企业文化存在一定的惯性，员工思维和行为的转变需要一个较长的过程，因此企业转型不会轻松完成，必须进行系统的变革管理。要改变传统的管理方式与方法，从组织架构、责任机制、激励机制和约束机制等方面建立新的管理机制，通过管理的变革来完成文化的转型。

3. 企业发展＋员工成长

不同企业成功的要素各不相同，但有一点却是共通的，就是企业与员工的共同成长。唯有如此，员工才会发自内心地与企业同呼吸、共命运。

六、干预方式：问责与奖励体系

组织花费了大量的时间与资源来建立问责与奖励体系，并试图以此来激励员工。然而，一旦员工们的基本需求得到满足之后，大部分人很有可能会转而关注内在的满意度。虽然这可能主要是人力资源管理的职责范围，但是组织发展专业人员可以帮助人力资源管理者们更好地了解那些影响整个系统的相关政策和实践并将问责和奖励落实到位。

问责与奖励的原则有以下三点。

1. 奖励只针对直接责任人；

2. 奖励强调及时性，及时认定、及时奖励；

3. 奖励和处罚对应人员的范围和口径要一致，体现责任人的权责对等。

七、干预方式：继任计划

继任计划如今在大多数组织中都受到了高度重视。人口统计数据表明，在当今的工业化世界中，我们面临着一个人口急剧老龄化的问题，劳动力市场中严重缺乏年轻劳动力的加入。因此，多数组织很有可能会面临高层领导人员严重流失的挑战。由于年轻劳动力的短缺，很多公司急需制定各种退休返聘政策，从而更好地利用退休人员所拥有的智力资本。公司也同样需要开发出一个考虑周全并且有计划的方法来留住高层管理者和执行层主管人员。这些资深员工有能力领导组织，同时能够帮助年轻的继任者，因为年轻的继任者仍然能从那里学到必备的知识与技能。

八、干预方式：多元化整合

基于性别、年龄、种族、宗教、性取向、籍贯乃至观念、政治信仰和意识形态上的差别，每一个工作场所都不同程度地存在着多元化。在一个组织中，多元化可能有助于培养新观点与新方法，增强客户基础，有利于创新。然而，我们必须在组织内部积极对待多元化，还应该重视其价值，这样才能使多元化带来效益的最大化。

　　然而，要让组织朝着这个方向前进却并不容易。体验曝光，自我反省、小组互动以及一定程度的培训都将有助于创建一个积极的环境。通过这些活动，人们可以充分地认识多元化的潜力。

九、干预方式：战略规划

　　战略规划包括使用决策树来制订出一年、三年和五年的战略计划，使用SWOT等分析方法，以及进行环境扫描，确定市场竞争者以及可能影响企业的各个因素。另一个是使用PEST等分析法来确定影响组织业务的各个主要因素。然而，这种方法的问题是比较费时而且相对静态，但由于市场的动态性，组织往往需要一个能够应对变化并迅速进行战略回应的干预方法。

　　此外，还有一种已经使用了多年的方法，那就是情景构思。这种方法需要考虑环境中所有可能发生的变化，同时在尚未知道未来环境将如何变化的前提下就准备好战略应对措施。

十、干预方式：制定使命、愿景与价值观

　　一名组织发展专业人员能为组织带来的最重要的干预措施之一就是帮助组织确立使命、未来愿景以及用以实现愿景的价值观。对于"使命"和"愿景"的含义，人们尚未达成普遍的共识，这两个

术语的使用有时候可能会大相径庭。

1. 使命是企业存在的理由，是企业承担并努力实现的责任，回答企业为什么而存在，即企业要实现什么的问题。使命确定了企业的发展方向，并定义了企业的性质。它告诉企业的每个成员，他们在一起工作是为了什么，他们准备为这个世界做出怎样的贡献。

2. 愿景是企业对未来的设想和展望，是企业在整体发展方向上要达到的一个理想状态，即愿望中的景象，回答企业将成为什么的问题。它为企业提供了一个清晰的发展目标和未来图景，告诉企业的每个成员企业将要走向哪里。

3. 价值观是企业及其员工共同认可和崇尚的价值评判标准，也称观念或者理念，是企业及其员工在长期的生产实践中产生并共同遵守的思维模式和职业道德，是企业文化的核心，回答企业为实现使命和愿景如何采取行动的问题。

十一、干预方式：大型互动活动

在企业发展过程中，员工的主人翁意识能激发出员工"爱我企业"的自豪感和使命感，使之主动自觉地与企业发展同呼吸、共命运、心连心，齐心协力朝着既定的目标前进；它能激发出员工的凝聚力和创造力，使之真正将企业当成自己的家，在本职岗位上激情创业，用自己的聪明才智为企业发展做出贡献。

大型互动活动需要把整个组织集中在一个地方，分成许多个小组，以小组为单位处理关乎组织的一些重大事件，通常聚焦于组织的使命和愿景。这种方法的意图是在组织内部建立广泛的主人翁意识，使每个组织成员之间可以快速地沟通交流，而不是通过自上至下的流程进行缓慢沟通。

十二、干预方式：开放系统定位

开放系统定位的目的是确定系统内部所需要的变化。它运用系统理论去理解一个系统，因为与其环境产生互动，所以成为一个经常变化的开放系统。确定系统现在的状况以及我们所期望的系统将来的状态，可以帮助我们采取必要的行动从而缩小现状与期望两者之间的差距。同时，通过挖掘能够对系统、自身、相互关系的本质以及人们对关系的理解产生影响的种种因素，可以消弭现实与理想之间的差距。

把企业视为一个开放系统，组织的一切运作完全受内部与外部环境的交互影响，只有企业管理者了解组织面临各种环境时所产生的影响，才能有效地执行管理功能。

十三、干预方式：未来探索

韦斯伯和詹诺夫提出了未来探索的概念，它将一个系统中跨部门的成员们集合起来召开一场大型的策划会议，对一个具体任务进行背景、现状及未来的探讨。其结果是将产生一个建立在所有参与人员价值观的基础之上的行动计划。

企业做战略之前，首先要看清楚行业的大趋势，只有基于趋势来制定的战略和愿景，才符合企业发展之道。之后，基于与趋势匹配的愿景和战略目标，做出来的 3 年计划、5 年计划才具有可落地性。这就是在做"未来探索"的促动之前，要先做"过去探索"和"现状探索"的原因。

在每一个环节中，人们都知道"我"在哪里、公司在哪里、我的伙伴在哪里、未来的路在哪里，潜移默化地，各组团队就会逐渐形成"战友"般的关系，也会对接下来要走的路径更加清晰。

十四、干预方式：开放空间技术会议

基于对话的概念，开放空间技术会议通常可以用来解决组织内部的一系列问题，包括战略性问题。在确定了需要考虑的问题之后，参与者把每个问题都列出来贴在墙上，并附上解决问题的具体议程和时间安排。然后由人们各自选择他们所要参加的议题会议以及将会使用到的对话技术。大家的想法都将会被记录在挂图上，并同时会在结果墙上公布出来。人们可以自由地选择他们想要解决的任何问题，也可以发表有关该问题的任何意见。

1. 开放空间规则

双脚法则：当我在这个议题上没有收获和分享时，我们就可以挪动自己的双脚，去下一个议题，自由行走让自己的生产力更高。

2. 开放空间角色

摊主：提出议题，将议题摆摊招纳听取各类建议，位置固定。

蜜蜂：穿梭于议题中，乐于提出建议，甚至将议题进行传播。

蝴蝶：从未真正参与议题讨论，甚至可以回房间休息，自由指
数五颗星。

第三节 ┃ 文化干预策略

当前经济变化之大前所未有，要求当代企业必须进行深刻的改革发展，企业文化建设也日益多元化和复杂化。企业的发展趋势是一样的，总是从低阶向高阶的过渡。在转型时期，企业是处于无序或半无序的一种状态下的，只有通过不断的干预才能进入高层次的有序状态。如果说企业文化冲突在企业文化建设中是一种无序状态，那么企业文化干预就是一个帮助企业文化从无序走向更加有序的过程。企业在进行重大改革或创新活动后，还必须进行文化干预，以实现企业系统内各部门的和谐健康发展，形成和保持自身特色。

一、企业文化冲突在每一次变革来临时最明显

在正常的业务活动中人们可能感觉不到，甚至忘记了企业文化的存在，但一旦组织出现动态调整，如并购和重组发生，威胁到目标企业的文化，人们便立即意识到它的存在，从而产生强烈的身份

感。为了保护自己的文化，员工往往会产生一种抵制文化入侵的心态，这直接导致了文化冲突。当文化冲突发展到一定程度时，就会引发文化变迁。

1. 企业文化冲突的含义

企业文化冲突是指不同企业文化和文化元素之间相互排斥、对抗的过程。企业文化冲突包括组织文化与个体文化的冲突、新文化与旧文化的冲突、企业主文化与亚文化的冲突等。文化冲突会给企业带来负面影响，如果处理不当，会破坏组织的沟通，使员工之间产生不信任和误解，甚至破坏企业的价值观，从而影响企业的正常运作，许多企业的衰落首先是从文化的老化最先开始的。

2. 企业文化冲突的表现形式

企业文化环境中有四个层次：个体文化、群体文化、企业文化和社会文化，两两之间会发生冲突。企业文化冲突的具体表现如下。

① 价值观念冲突

每个人在长期的生活实践中都会形成独特的价值观。价值观具有强烈的主观性，它决定了人的行为准则，构成了企业文化的核心内容。因此，企业文化的冲突主要体现在员工不同价值观的矛盾上。当不同类型的价值聚集在一起时，它们不可避免地会相互摩擦，相互碰撞。每个员工都会出于本能，努力维护自己的长期价值观，排斥他人的价值观，使企业难以形成统一的行为规范准则。

②经营理念冲突

不同层次、不同风格的企业有着不同的经营理念。例如，很多企业着眼于长远，制订科学的长期战略规划、追求多赢；而一些企业只注重眼前利益、目光短浅、不注重企业声誉，不注重企业品牌的建立。因此，如果这两类企业的合并或重组，必然会在经营理念上产生冲突。

③人才理念冲突

基于管理思想和价值观差异的人才理念差异也处在冲突的前沿。一些企业长期采用行政机关的衡量标准用人，片面强调政治素质、工作对等、个人历史和人际关系，被选中的企业管理者不一定是有管理能力的人才。优秀的企业更注重创新素质、贡献、成就和管理能力，认为只有这些素质才是企业发展所需要的。两种观念的冲突不仅会给企业重组后的管理带来矛盾，也会给员工带来巨大的心理压力和思想混乱。

二、企业文化干预

企业文化干预指的是过程集成的文化命题。以文化意识和文化实践为基础，由企业管理者有意识地将不同文化倾向或企业中的各种文化因素融合为一个统一的文化命题和文化系统。虽然文化融合最终可以在完全自由放任的状态下实现，但其过程缓慢、持续，整合方向任意性较大，难以适应企业的发展，甚至会阻碍企业的发展。因此，要实现从无序到有序的企业文化建立，就必须进行人为的、有意识的干预。同时，文化干预也是通过企业文化将企业的各项活动进行干预的过程。

企业文化干预有两种情况：一种是对同一企业内文化内容的各种元素的干预，另一种是对不同企业文化的干预。这意味着当企业在一段时间的重大的变化与原始主流文化受到挑战时，各种各样的外部文化、企业的传统文化和现代文化相互交织、相互碰撞和冲突，文化融合是不同文化之间的相互适应和协调。在此基础上，通过选择和干预合适的文化成分，形成新的主流文化，进行文化创新。企业文化干预的过程，要求所有员工都要参与创造，秉持宽容的精神，加强相互理解，达到满意的效果。事实上，无论什么样的企业，其合并或重组都将涉及一系列问题，如产权关系、企业的管理制度和运行机制、员工的权利和义务，等等。

1. 企业文化干预的内容

企业文化的干预是多层次地梳理和融合组织文化的过程。这个过程分为内部文化干预和外部文化干预。其中，内部文化的干预主要包括：个体意识和群体意识的同质化，主要文化与亚文化的相容性，以及制度文化、行为文化、精神文化和物质文化的一致性。外部文化的干预主要包括：合并企业的文化干预，上下游企业的文化干预，以及对其他优秀企业文化因素的吸收与干预。

（1）个体意识与群体意识均一化

企业集团意识是企业员工对集团整体的认同，对实现企业目标的信念以及他们的归属感、认同感等。企业集体意识是每个员工的个体意识与不同层次的员工群体在互利共赢和共同谈判的前提下相互作用的结果。

个人意识融入群体意识需要一个过程。企业文化干预的重要目的就是将每个员工的个人意识与企业集团的意识相结合，构建企业核心价值，得到全体员工的认可。从实际的角度来看，每个新员工都会进入企业员工群体，并通过群体意识有意识或无意识地融入其中。所谓有意识指的是，当公司接受新员工加入时，他们会有意识地接受企业文化的培训，新加盟者会有意识地接受企业的集团意识。所谓的无意识是指新加盟者受到员工群体意识的微妙影响，他们无意识地接受了这些意识。这两个过程可以说是一个将群体意识融入个体意识的过程，前者具有指导和意识的干预，后者是无指导和无意识的干预。

（2）主文化与亚文化的相容干预

企业文化干预的重要内容之一是有意识地利用主文化干预亚文化，使亚文化服务于主文化。在任何企业文化社区的非决策、非管理和普通员工中都有一个自发的亚文化群体。企业主文化的广泛容忍、吸收和激励发展成为衡量企业文化启蒙和完善程度的标准，成为审视企业文化社区的生命力问题。主文化干预亚文化不是拒绝、改变和消除亚文化，它是亚文化的发展方向，其对亚文化本身的开发和利用，也是防止亚文化成为阻碍企业发展的不良文化的指导。亚文化的存在客观上是不可避免的。一方面，我们必须防止亚文化往不健康的方向发展；另一方面，我们必须有效发挥亚文化的积极作用，并利用健康亚文化的积极向上功能。两者的互补和丰富、两者的兼容将使企业文化多种多样。

（3）文化要素互动贯通

指精神文化、制度文化、行为文化和物质文化的文化干预，主要强调核心的精神文化。精神文化的决心和实质内容决定了其他三个文化的本质。精神文化的混乱将不可避免地导致其他三个文化的混乱。要干预企业文化，首先要整理和干预精神层面的文化，然后再运用精神层面的文化来干预其他三个层面的文化，而不是倒过来。实际上，许多公司反向运营这一过程，干预的效果肯定不理想。要在适应商业环境的前提下，立足于领导者的风格，围绕核心价值观建立文化。可以塑造英雄、汇编和传播企业文化故事，策划和设计企业礼仪和庆典活动，以生动的形式表达企业文化的精髓，形成企业文化各要素之间的互动，使企业文化形成一个有机的整体。企业环境是一个基本前提，领导风格直接影响企业英雄的风格。

（4）母子公司文化协调共荣

母公司和子公司是独立法人，属于一个企业。两者的文化类似于主文化和亚文化之间的关系，但并不完全等同。如果母公司和子公司在同一地理区域或属于同一行业，或者子公司与母公司在一起，则两者之间的文化没有差异。母子公司的文化干预是主文化与亚文化的干预。如果母公司和子公司不在同一地理区域甚至是一个行业，文化干预就更复杂，这不仅反映了母公司的主流文化，也形成了子公司独特的文化品位。这种文化干预主要是亚文化干预模式与母子文化干预模式之间的文化干预模式，即允许子公司结合自身实际形成自己的企业文化，同时与母公司保持相同的核心价值观、个性和性格。

2. 集团文化管控与干预

所谓企业文化管理和控制是指基于下属企业的收集和分配权的集团管理、控制战略和控制系统，并在集体文化建设中采用相应的模式。集团结构和发展战略决定集团管理和控制模型，而集团管理和控制模型则决定了文化管理和控制模型。集团文化管理和控制模式的核心内容是母公司企业文化的产出，因此，集团文化管理和控制的目标是为集团的各种系统管理建立一个平台，在集团统一体系框架内实现各种制度的起草、审批、验证和废止的全过程；在系统过程中形成整个集团的内部合作工作行为规范；形成集团型企业的跨组织、跨行业、跨产业链协同引擎；强化审批控制和风险预警能力；建立群体文化建设中心，形成统一的价值文化理解。

集团文化管理和控制的实施主要集中在两个关键问题上：第一，集团文化管理和控制的模型设计，即集团何时应该在何种程度上进行管理和控制？什么时候应该管理到什么程度？第二，集团的文化管理和控制设计，即集团如何建立多个渠道？如何以多种方式运作？如何既实施集团的核心理念，又能激发每个子公司的积极性？集体文化干预是以集团企业的具体情况为基础，制定文化干预的目标和措施，运用多种方法系统地组织集团公司和会员企业的文化内涵和文化因素，建立有价值的文化体系。以核心为导向，引导员工纠正文化态度和观念、价值取向和行为方式，从而形成群体的文化力量，并通过文化干预来解决群体文化系统混乱、文化冲突和文化建设盲目和滞后的问题，从而提升群体的文化力量。集体文化是建立母子关系的精神支柱，集体文化干预和母子文化干预的原则和过程基本相同，但更加精细和复杂。

三、母子公司文化干预

母子公司的企业文化的特殊之处在于，在母子公司的内部是有着多种文化存在的，这些文化大体上可分为两类：一是母子公司所共有的文化，二是子公司和各职能部门的文化，我们可把子公司的文化看成公司共有文化的亚文化。就两者的关系而言，一方面，子公司和各职能部门的文化应该服从于母子公司内部所共有的文化；另一方面，子公司的文化也应该具备自己的特色。因此，相比于其他公司，母子公司的企业文化干预应更注重以下几个方面。

1. 架构建设是文化规划和管理的职能分配

母公司应在集团总部设立专门的文化职能部门，负责整个集团的企业文化规划和管理。其职责应包括：制定整个集团的企业文化战略，制定员工行为规范、企业宣传、公司宣传口号；策划品牌推广方案及企业内部文化活动。每个子公司应建立相应的文化职能部门。目前，中国的一些大集团也在企业中建立了企业文化部门，它兼具文化职能部门和集团公司与子公司，及子公司之间的文化交流的职能。

2. 关键控制点可采取培训进行疏导

企业文化建设的关键点在于对预防文化风险发挥关键作用的重要指标——培训的集中和协同作用：培训集中是指对所有培训的集中管理、监督和评估；协调培训则意味着应协调从事类似业务的子公司的培训，以降低培训成本。这种类型的培训通常称为公共培训。在一般情况下，本集团的培训活动基于本集团整体培训需求的预测及统计开展，培训需求的预测和统计需要由总部通过陈述的形式集中，实现统一协调行动的目的。为培养活动的开展，应根据培训内容和不同的培训目标，进行不同程度的集中和协调。受训人员对培训内容、形式和组织的整体满意度越高，实践经验支持的文化控制力度越大。因此，为了满足这一要求，应充分考虑培训内容的选择，必须创新培训内容、培训方法和培训主题，以获得更好的培训结果。此外，母公司应加强企业文化培训的频率。

3. 制度的系统实施和监控

企业不仅要有完整的制度体系，还要进行系统的实施和监控。目前，企业中普遍存在制度执行不力、监管不力的情况，影响了母公司对子公司的控制，造成文化、人力资源，和经营等一系列风险。这不仅影响子公司自身的生产经营，也将影响公司的整体运营。为了确保制度能够有效实施，母公司和子公司经理可以进行评估，并将评估结果作为奖励和惩罚的一部分，从根本上保证制度的实施。在控制董事会和子公司经理方面，在现代企业制度下，作为子公司投资者的母公司在大多数情况下是绝对持有或相对控制子公司的股东，通过派遣经理或专业人员到子公司的董事会来控制主要业务。作为外部社会化的方式之一，母公司向子公司派遣经理或专业人员，这有利于集团核心价值的扩散，从而影响管理者的价值观和行为规范。

4. 价值观不统一会导致颠覆性改变

企业价值观是企业文化的核心，它对母公司和子公司的文化干预的影响往往是内在的和隐藏的。价值观的差异将使母公司在管理理念、企业使命、战略目标、员工个人价值追求和行为规范方面存在巨大差异。如果差异太大，最终将导致企业文化干预过程中的颠覆性变革。然而，母公司与子公司在文化环境和业务运营方面确实存在一定差异。如果子公司与母公司完全一致，则会失去自己的发展特征。无论差异是正面还是负面，都会影响子公司的发展。

5. 管理理念是跨越职能的统一理念

在建立企业文化的过程中，人们常常强调企业文化对企业的运作尤其是管理理念具有重要价值。管理理念不仅包括企业的经营理念，还包括企业的设计和开发、生产和销售，以及人力资源管理的概念。在集团公司内部，如果子公司与母公司的业务范围不一致，或者存在细微差别，那么在技术开发、生产流程和员工工作类型等方面将会有很大差异，这将导致两者在企业管理理念上的差异。子公司需要更加关注客户满意度管理。在员工管理方面，母公司需要

213

考虑施工人员的技术问题，子公司则需要管理员工的整体素质。

6. 使命和愿景的建设是一个长期过程

在企业文化干预中，任务是承担企业的负担，愿景是企业未来发展的宏观计划。在干预母公司企业文化的过程中，这部分相对容易。因为无论哪家公司，其所承担的责任都与社会责任、经济发展责任、环境责任以及对员工生计和发展的责任密不可分。每个企业未来的宏观发展计划都有利于企业的发展。这些不会导致母公司和子公司之间产生太大差异。

7. 复杂、多变的企业外部影响因素

通常公司所处外部环境的多变性、复杂性与母公司对子公司文化控制的强度正相关。为什么授权委托程度会对文化控制产生影响呢？原因在于：环境越是复杂、动荡、充满对抗性，就越会让组织内的成员感到不安全，从而引发不确定性。为了应付这些不确定性可能带来的突发情况，企业就会提高委托授权的程度，同时在管理控制模式的选择上因不确定性而更趋向于治理型的管理控制模式。可以认为，子公司所处的行业总体的技术水平、利益相关者的变化等都给子公司的经营管理带来了极大的不确定性。为了应对可能出现的变化，母公司必须给予子公司更大的自主决定权，但子公司的权力过大又会产生新的问题，比如各自为政、不服从母公司的管理安排等。企业文化管理模式较之其他管理方法的特殊之处在于，它能够使子公司对母公司产生道德上的感情，环境的复杂程度和不确定

性越大，企业文化的管理模式越有效果。

8. 企业内部影响因素

（1）公司类型

国内的企业公司，在集团的形成方式上与国外企业有很大差异。

一般，从股权结构、管控模式上讨论集团公司的类型的比较多。股权结构复杂、权力制衡复杂的集团公司文化也较复杂，文化澄清的时候也较为麻烦，其管控模式也是影响文化的主要因素，过分集权和过分分权的集团公司在文化上要经受的考验都很多，而集权程度介于中间的集团公司的文化建设往往成效很大。

（2）子公司战略

在调查机构培养绝对竞争力时，主流观点是规划竞争力的发展方向。它分为三种类型：成本优势、个性优势和目标优势。

成本优势是控制成本。为了控制成本，有必要严格控制生产过程，此时，集团的母公司需要对子公司的绝对控制权；差异化的优势在于创新和改革。此时，集团的母公司对于权利的分散和授权是必要的；目标优势是干预前两种方法，因此所采用的治理模式也介于两者之间。企业集团内的每个部门可分为几种类型：防御型、摸索型、研究型和对策型。其中，防御型适用于相对稳定的行业，这种子企业的管理模式可采用部分生产型模式，但摸索型行业变化较大，需要创新和变革，这种情况适合采用自治的方式。

因此，子公司在集团中的战略地位不同，对企业文化管理强度的影响也有很大差异。子公司对母公司的重要性越大，管理的强度就越大。

企业文化是思辨的产物。在社会生活中，经济是基础，是理解和解决其他社会现象的出发点和钥匙。社会经济发展从最初的农业经济发展到工业经济，如今已经进入了知识经济的时代。知识经济有两个基本特性：一是知识是主要的生产要素；二是知识生产总量超过物质生产总量。就企业管理而言，一方面，管理思想是经济发展的反映，经济中文化含量的提高，也必然要求知识在管理中的比重的提高。知识经济的到来使得人才资源的开发成为企业生产和经营的重中之重，企业对人才的重视达到了一个从未有过的高度，"创新"成了衡量人才标准。另一方面，随着社会经济的发展，人们对生活质量与生命质量的要求，都慢慢由物质进升到精神需求层次，对工作的要求也由单纯的满足物质需求向满足精神需求出发，只能提供物质奖励的企业，对求职者的吸引力越来越低。

四、母子公司企业文化干预的四个方面

在母子公司企业文化干预方面，主要包括四个方面的问题。

1. 物质文化层干预

企业文化的核心概念之一是以人为本，但在实际的企业文化建设过程中，"人"的因素往往被忽视。企业进行文化建设时，大多采用自上而下的模式，多表现为领导权威，缺乏自下而上的沟通和反馈，员工并不真正认可企业文化，很难充分发挥企业文化的影响力。

对此，应从物质文化方面进行充分干预。物质文化是指满足员工生存和发展需要所创造的物质产品。在当代环境中，物质文化越来越被大众所看重，包括薪酬、服饰、办公环境、交通便捷度、餐饮娱乐等。物质文化也是一个连续不断的动态过程，每时每刻都会注入新的内容，彰显新的活力。

2.制度文化层干预

在企业制度的实施中，企业文化建设的精神层面与制度层面往往严重分离。

一方面，对企业文化的理解不足将导致企业文化建设的基本理念不清。在确定相关的企业文化内容时，母公司与子公司产生错位。这样，建立完善的企业文化体系将是不可能的，也不可能使企业文化发挥相应的指导作用。

另一方面，一些母公司确定的企业文化是空洞的，只追求形式，或直截了当地复制其他公司的文化，并没有体现自身的经营理念。因此，这样的企业文化并不利于母公司与子公司的发展。

3.行为文化层干预

目前，在一些母子公司企业文化干预中最重要的问题在于行为面：一方面，有一些子公司正在赶上潮流并渴望成功。在企业文化建设中，他们渴望离开母公司文化，盲目追求文化创新，忽视了母公司的传统精神财富。另一方面，企业文化的建构只停留在这些表面行为的口号和宣传上，而并不会将企业文化转变为企业管理系统，也不会将企业精神和企业价值观融入公司的日常管理，文化无法真正发挥作用。子公司的企业文化建设应该是动态和持续的。在融合现代意识和文化创新的同时，应充分继承和发扬母公司的优秀文化，使其与母公司的发展处于同一水平。母公司企业文化的建设是由几代生产和生活的员工逐步形成的，这是一个完整有序的过程，反映了公司发展的规律和特点，只有在此基础上建设文化创新才能形成优秀的企业文化。

4. 精神文化层干预

虽然子公司隶属于母公司，但由于它们在语言文化、经营理念和经营范围上总是存在一定的差异，就必然会导致两者在企业文化建设上的文化差异，碰撞和冲突是不可避免的。冲突不一定是坏事，但只有当母公司的企业文化足够强大时，这些冲突才能形成一种有利的紧张状态。当然，如果母公司的企业文化在管理理念、使命和愿景上本身存在冲突，那么母公司的企业文化就会被大大削弱，而亚文化具有显性行为，会导致企业文化产生偏移量。

REWRITING HUMAN RESOURCE MANAGEMENT

7 SKILLS

F   O   R

ORGANIZATION

DEVELOPMENT

第八章 组织激励

美国哈佛大学威廉·詹姆斯教授在对员工激励的研究中发现，按时计酬的分配制度仅能让员工发挥 20%～30% 的能力，如果受到充分激励，员工的能力可以发挥 80%～90%。这说明管理中是否采取激励措施，对效率的影响相差60%。阿里巴巴副总裁曾说过，"阿里恐怕是中国笑脸最多的一个公司，而且执行力超强"。采取匹配组织体制特点的激励模式，激发全员积极参与企业经营管理，可以实现组织和个人的双赢。

第一节 ┃ **激励理论与激励机制**

一、激励理论与组织激励

在倡导人本管理的现代管理理论界，"人"成为管理学家和管理者们越来越重视的要素，如何激励人、激发组织人员的积极性和工作热情，如何最大限度地挖掘人的潜力，成为人们竞相关注和希望解决的问题。因此，出现了一大批侧重点不同，但都与人员激励有关的理论，统称为激励理论，如马斯洛的需求层次理论、弗罗姆的期望理论及斯金纳的强化理论等。这些激励理论涉及与激励相关的各个方面——为何要激励、激励的理论基础是什么、何时何地用何种方式进行激励、激励时需要注意些什么问题等，却缺乏"对激励的最终目标是否达到、激励效果如何"这类问题的探讨。虽然对激励的理论基础、方式、时机等问题的研究最终也是为了更好地实现激励目标，但对激励效果的独立的、专门的研究对激励理论的完整性仍具有重要意义，也有着不言而喻的实际意义。

当下的组织激励一般采用柔性管理，它是指采用非强制方式，在人们心目中形成一种潜在的说服力，从而把组织意志变为人们自觉的行动的管理，其主要激励对象是员工。相对于刚性管理，柔性管理能满足员工的高层次需要，能够深层次地激发员工的积极性。柔性管理对于实现"知识共享"、整合企业人力资源、顺应以顾客需求为导向的柔性生产具有重大意义。

柔性管理的本质是实施软控制和实施心理引导。它的基本原则包括内在重于外在、直接重于间接、心理重于物理、个体重于群体、肯定重于否定、身教重于言教、务实重于务虚和执教重于执纪八个方面。柔性管理在管理活动中主要表现为管理决策的柔性化和奖酬机制的柔性化。管理决策的柔性化主要表现在决策目标的柔性化以及在决策程序上的"群言堂"上；奖酬机制的柔性化表现为不再以工作的硬性量化标准作为奖酬依据，而更加注重精神上的嘉奖，或通过扩张和丰富工作内容，提高工作的意义和挑战性。

二、组织激励的影响因素

在组织激励过程中有一些因素起着关键作用，如时机、频率、程度、方向等，它们对组织激励的效果有直接和显著的影响，所以认识和了解影响组织激励的因素，对搞好组织激励工作是大有益处的。

1. 组织激励的时机

选择不同的时机进行激励，其作用与效果有很大差别。就像厨师炒菜时，放入调料的时间不同、火候不同，菜的味道和质量就不同。超前激励可能会使下属感到无足轻重；迟到的激励可能会让下属觉得画蛇添足，失去了激励应有的意义。

组织激励时机如何选择？这需要具体问题具体分析。如以时间上的快慢为标准，组织激励时机可分为及时激励与延时激励；如以时间间隔是否规律为标准，可分为规则激励与不规则激励；如以工作的周期为标准，则可分为期前激励、期中激励和期末激励。组织激励时机的形式多种多样，在实际工作中可以灵活选择，必要时可以综合运用。

2. 组织激励的频率

所谓组织激励频率是指在一定时间内进行激励的次数，激励频率的高低由一个工作周期内激励次数的多少而决定，它一般是以一个工作周期为时间单位。激励频率高，并不意味着激励效果就好，它们之间不存在正相关关系，在某些特殊条件下，两者还可能负相关。因此，只有区分不同情况，采取相应的激励频率，才能有效发挥激励的作用。

激励频率的选择会受到包括工作内容和性质、任务目标的明确程度、激励对象的个体差异、劳动条件和人事环境等在内的多种客观因素的制约。一般来说对于工作复杂性强、比较难以完成的任务，激励频率应该高，反之相反；对于任务目标明确、短期可见成果的工作，激励频率应该高，反之相反；对于各方面素质较差的工作人员，激励频率应该高，反之相反。当然，在实际的工作生活中，这些情况并不是绝对的划分，组织管理者需要因人、因事、因地制宜地确定恰当的激励频率。

3. 组织激励的程度

所谓组织激励程度是指激励量的大小，即奖赏或惩罚标准的高低。激励程度与激励效果有极为密切的联系，能否恰当地掌握组织激励程度，直接影响激励作用的发挥。过量激励和不足量激励都起不到激励的真正作用，有时甚至还会起反作用。如果设定的激励程度偏低，就会使被激励者产生不满足感、失落感，从而丧失继续前进的动力；如果设定的激励程度偏高，又会使被激励者产生过分满足感，感到轻而易举，也会丧失上升的动力。因此，组织管理者需要从量上把握激励程度，要做到恰如其分。激励程度要适中，超出了一定限度或达不到一定的程度，激励的作用都不能得到充分的发挥。

4. 组织激励的方向

所谓组织激励方向是指组织激励的针对性，即针对什么样的内容来实施激励。它对激励的效果具有显著的影响作用。根据美国心理学家马斯洛的需求层次理论，当某一层次的需求基本上得到满足时，就应该调整激励方向，将其转移到满足更高层次的优势需要上去，这样才能更有效地达到激励的目的。人的行为动机起源于五种需求，即生理的需求、安全的需求、归属的需求、尊重的需求和自我实现的需求。人的需求是一个由低到高逐次发生的过程。一般来说，当较低层次的需求被满足以后，较高层次的需要才会出现。这一理论表明，激励方向的选择与激励作用的发挥有着非常密切的关系，当某一层次的需求基本得到满足时，激励的作用就难以继续保持，只有把激励方向转移到满足更高层次的需求上去，才能更有效地达到激励的目的。需要指出的是，激励方向选择是以需求的发现为前提条件的。因此，管理者在管理实践中要努力发现不同阶段的需求，正确区分个体需求与群体需求，以提高激励的效果。比如对一个具有强烈自我表现欲望的员工来说，与其对他所取得的成绩予以奖金和实物的奖励，不如给他一次充分表现自己才能的机会，这样对他激励作用更大。

三、组织激励模式

1. 差别化激励

奖励和惩罚是应用最为普遍的激励方式。实践表明，通过适度的奖励和惩罚来满足或剥夺企业员工在物质和精神方面的需求，从而调动员工的工作积极性、激励他们更加努力地为企业工作，是一种行之有效的激励方式。在进行奖励性或和惩罚性激励时，要通过差异性激励，奖励先进，鞭策后进，尽可能实现奖惩方式的合理性、奖惩目标的针对性和奖惩结果的公平性。

（1）个体性激励与团体性激励相结合

以员工个人为单位的个体性激励，以特定的员工群体为单位的团体性激励，根据两者各自不同的需要和所取得的业绩分别给予相应的激励，是实践中一种效果比较明显的差别化激励方式。在实际操作中，如果员工个体之间的绩效易于区分、业务关联度较小，则以个体性激励为主，最大限度地满足个体的需要；如果企业采取团队工作模式，员工之间业务关联度较大，业绩是团队成员共同取得的，就要以团体性激励为主，否则会适得其反，影响多数人的工作积极性。

（2）显性激励与隐性激励相结合

在评判个体或团队业绩的过程中，如果企业员工个体或团队的业绩能够按照一定的标准进行客观评价，可以根据评价结果对员工个体或团队给予相应的显性物质或精神奖励；如果信息不对称程度较高，或是信息不确定性较大，企业员工个体或团队的业绩很难进行具体的量化，从而无法对员工个体或团队所做的贡献进行客观评价，则只能给予员工个体或团队诸如良好的发展机会、更多的收入预期之类的隐性激励。

（3）多层次激励与多元化激励相结合

要承认每一名员工都存在潜能开发的可能，针对核心员工和普通员工、多种价值观员工、多个年龄段员工的不同特点和需求，进行以正激励为主的多层次激励，使每一个层次的员工都能够在一种相对公平的环境里得到相对客观的评价。要根据激励的目标采取灵活多样的激励手段和方法，从物质与精神、职级与岗位、工作环境与工作强度等多个角度建立多元化的激励机制，让每一名员工都能感受到自身对企业发展的重要性，始终保持良好的精神状态，安心在本职岗位工作。

2. 培训激励

从培训这个范畴上讲，激励是通过刺激、激发受训者的学习冲动和学习欲望从而促使其采取行动的一种手段。组织培训是培养和训练员工的学习活动。学习是一种刺激与反应之间的联合，个人与环境所形成的场地力量支配学习行为，动机的变化表示对学习的满意程度。员工的学习行为可以通过对其后果的控制和操作而加以影响和改变。这种控制和操作的方式就是培训激励。

恰当的激励方式会产生良好的激励效果。根据培训的环境、对象正确选择激励方式，把握培训控制与激励的平衡点是非常重要的。

3. 经济激励

在市场经济条件下，精神激励和物质激励比较，大多数组织员工更愿意选择实惠的经济激励。这是由于他们的经济地位决定的，目前生活尚不富裕，增加收入仍是他们的主导需要。因此，将岗位技能工资、奖金、培训补贴等经济激励方式用于组织培训是很奏效的。在实施过程中要注意经济激励的条件性、增强经济手段的激励性、注重实现目标设置的科学性、在结果上提高激励结果的有效性。

4. 发展激励

随着科技的发展和组织内知识型员工的日益增加，单纯的经济激励未必见效。他们更看重的是组织能否给自己提供发展的机会。为员工安排研发项目、提供轮岗交流机会、搭建阶梯式的培训设计

227

都能使其工作富有挑战性，使员工的个人发展空间产生延展性。以此激发员工的培训积极性，将会达到意想不到的效果。

5. 消极强化

在劳动力市场供大于求的情况下，考试上岗、竞聘上岗已经成为组织择人用人的主要形式，消极强化在此有其独特的效力。得当的消极强化手段不仅能使行为主体本人通过吸取教训而改变自己的行为，而且消极强化产生的警示作用同样可以成为培训的动力。对于因自身原因没有完成培训计划或培训效果达不到目标要求、综合素质不符合岗位任职资格要求的员工，组织可以采取降职降级、转岗待岗、下岗等消极强化措施，促使他们重视培训、努力学习。

6. 情感与尊重激励

情感是影响人们行为最直接的因素之一。情感激励，就是通过增强管理者与员工之间的情感联系和思想沟通，满足员工的心理需求，从而形成和谐融洽的工作氛围，激发员工的积极性、主动性和创造性。情感激励说到底是一种文化管理，是一项重要的亲和工程，它注重的是员工的内心世界，其核心是激发员工的正向情感、消除员工的消极情绪，通过感情的双向交流和沟通实现有效的激励。

那如何开展情感激励呢？一般有四点。

（1）领导者自身的魅力

管理者被任命之后，手中就有了权力。表面上权力合法了，但是这个权力是否能赢得群众认同，则要看管理者自身的表现。有关研究表明，一个人在报酬引诱及社会压力下工作，其能力仅能发挥60%，其余的40%则有赖于领导者去激发。

（2）日常交往中的坦诚和尊重

管理者应该调整好自己的心态，以开诚布公的态度对待下属，尊重下属的意见与想法，在实事求是的基础上进行平等的沟通。领导与被领导在政治上是平等的，只是行政职务和岗位上的分工不同。

（3）布置工作时注意方法

布置工作是落实本部门或上级决策的关键。对此，管理者应有充分的思想准备，讲话要明白、果断，语气要充满自信，让下属受到鼓舞和感染。同时又不能只顾自己发号施令，应随时注意与部下感情上的融通。

（4）把授权看作艺术

在组织的生产经营活动中，必然会涉及需要管理者把大量行政事务和技术、业务工作向下交办的情况，这就存在一个知人善任的问题，也就是授权。合理地授权可以使领导者摆脱能够由下属完成的日常任务，自己专心处理重大决策问题，还有助于培养下属的工作能力，有利于提高士气。领导者要考虑部下的个性、能力、特长、人际关系等具体情况，分别交办不同的任务，掌握好授权的艺术。授权是否合理是区分领导者才能高低的重要标志。

7. 沟通激励

沟通的含义是两个人或者两个主体之间某种信息的传递与接受。

具体来说，沟通所传递的信息包括客观情况和事实，也包括人的思想、意见、态度、感受等。所谓沟通激励就是通过有效的沟通达到激励员工的效果，以提高组织的凝聚力和向心力。

在组织中，沟通激励是通过明确告诉员工做什么、如何来做、没有达到目标时应如何改进的途径来激励员工，进行绩效反馈和各种奖赏、强化，这样，沟通的过程自然就成了激励的过程。它具有以下三个主要功能。

（1）信息传递功能

信息传递功能指为组织或组织中的个体从事活动提供决策所需要的信息，使领导者能够确定并评估各种备选方案。

（2）控制功能

通过沟通，可以对员工的行为进行控制。通过正式沟通，可以使员工们遵守组织中的领导管理行为、遵守公司的规章制度、完成工作任务，实现组织的控制功能。同时，非正式的沟通也对员工的行为有控制作用，如某个人工作不够勤奋，影响了整个组织的进度，组织的其他成员就会通过非正式沟通的方式帮助或敦促其完成任务。

（3）情绪表达功能

对于很多员工来说，工作组织是其主要的社交场所，员工通过组织内的沟通来表达自己的挫折感和幸福感，由此，沟通就为员工提供了一种释放情感的情绪表达机制，满足了员工的社交需要。

8. 目标激励

目标激励就是通过以一定的目标作为诱因刺激人们的需求，激发人们实现目标的欲望的激励方式。通过引导人的行为，使被管理者的个人目标与组织目标紧密地联系在一起，以激励被管理者的积极性、主动性和创造性。目标设立的原则有以下几点。

（1）关键性与全面性相结合

确定目标时，既要从本组织的基本任务出发，全面考虑，又要突出重点和关键任务。

（2）灵活性与一致性相结合

确定目标时，必须使本目标同上级目标保持一致，使分目标与总目标保持一致，以保证上级目标和总目标的实现；同时，还要从本级的实际出发，使目标具有一定的灵活性，能够适应未来的发展和客观环境的变化。

（3）可行性与挑战性相结合

目标没有挑战性，就没有激励作用，也无助于员工提高能力；但目标定得太高，使人感到可望而不可即，又会使人丧失信心、挫伤人们的积极性。也就是说，既要让人有机会体验到成功的欣慰，不至于望着高不可攀的"果子"而失望，又不要让人毫不费力地轻易摘到"果子"。"跳一跳，够得着"，就是最好的目标。

（4）定性目标向定量方面转化

组织的有些目标是不可直接量化的，如管理效率、服务态度等，但这些又是非常重要的目标，应该设定这种定性目标，不能因为不能完全量化就放弃，因为如果不设定的话，组织的目标就一定会有缺陷。但是定性目标往往难以计量，故难以考核。此时，必须发展出一种对定性目标间接度量的办法，如对定性目标具体表述的执行进行主观打分，同时也要考虑定性目标因素的权重。

（5）长期目标的短期化

所谓长期目标短期化是指由于目标管理中的短期目标通常比较明确。因此，极易使组织各部门、各层次及组织成员陷入一种短视、短期行为的状态，同时也不利于组织的生存与发展。因此，目标的设置应是在组织共同意愿的约束下、在组织长期目标制定以后，按各分阶段设定分段目标，这种分阶段目标就是一种相对短期的目标，即具体的目标。分阶段的目标作为组织每一时期目标管理中要分解下达的目标存在，这样就可防范迷失组织长远的目标。

第二节 ▍ 重塑销售组织激励

2 0世纪90年代的中国市场正处在一个商品短缺、供不应求的状态，那时候最风光的职位莫过于销售员了。制造者都在问："这是我制造的，你愿意买它吗？"产品源源不断地送到经销商那里，几乎没有销售不出去的东西。时过境迁，现在消费者都在问："这是我需要的，你有这样的产品吗？"

一、从"上门"到"坐等"：销售行为已经发生变化

当年的销售员凭借其口舌之力，通过兄弟义气、酒桌、关系等手段，建立了稳固的客户关系，只要拉近客户关系，就有一定的销量，而现在仅仅依赖这些当年耳熟能详的"销售技巧"，就显得不合时宜了。随着互联网平台化的发展，线下的上门服务行为已经逐步转到线上，通过销售周边管理持续影响客户，来促进购买行为，单纯的销售行为变成了销售管理链条，一种面对面口若悬河的、让人心动的销售活动变成了人机平台——对着冷冷的屏幕的理性消费。

销售成功的因素正从销售人员的个人素质向销售系统的管理发生着偏转。

图 8-1　销售成功因素的转变

销售行为的变化究其本质是我们商业渠道的进化，逐步消除了之前的信息不透明。如图 8-2 所示，在十几年前，产品的流通从制造出来的那一刻开始，需要多重环节，花费许多时间才能到达客户手中。而随着模式创新和 B2B、O2O、包括 F2C 模式的涌现，大部分的无效周转时间被缩减。"一站购""24 小时内送达"，效率和时间已然成为产品的一个卖点，中间商近年遇到的挑战比过去千年的商业历史都大，他们的定位将由产品的二传手转换为服务商，面向最终消费者，要么线上平台化运作，要么线上线下结合走 O2O 之路。

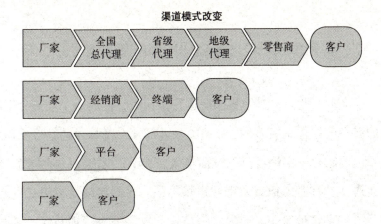

图 8-2　渠道模式的变化方向是在消除信息不透明

从图 8-3 的企业营销价值链中可以看出，拥有客户的前提必须是为客户创造价值服务。服务与需求相匹配，做到以客户需求为中心，才能改变传统的以产品为导向的企业营销过程。社交媒体和数字广告的出现更加深了这样一个局面的形成：传统的销售行为即将成为传统，新兴的价值法则在销售乃至营销过程中将被充分放大拉长。

企业营销过程是一个价值创造传播的过程

客户细分	市场细分重点	价值定位	产品开发	服务开发	定价	广告制作	分销代理	广告	销售推广	网络活动
选择价值			提供价值					传播价值		

图 8-3　企业营销价值链

235

二、销售模式已经发生变化，销售激励模式仍然传统

每当在企业内部对销售团队进行访谈时，他们对于薪酬分配问题的满意度往往是最差的：管理层永远都觉得薪酬激励做得不能太单一，要综合考察销售员的全面绩效；销售员则抱怨目标太高、难以完成，没有考虑地域差别和市场不同。薪酬与绩效交织在一起，分不清究竟孰是孰非，成为销售体系问题的一大管理共性。同时，很多企业对销售数据进行了跟踪，一旦发现下降或者不利的一面，就会在薪酬激励模式上进行微调，这一点也招到了销售团队们的抱怨。

第一种是薪酬激励法，薪酬激励普遍是以提成的方式存在，即将企业盈利按照一定的比例在企业和员工之间分成的方式，这种方式具有一定的激励性。实行提成制首先要确定合适的提成指标，一般是按照业务量或销售额进行提成，即多卖多得。采用提成制的销售团队一般要确定两点：一是提成标准的确定，有些企业以销售额度为基础，有些以利润为基础；二是提点的确定，行业和产品不同，提点区别也很大，比如橡胶塑料行业的提点一般在 6%～10%、机械行业 10%～15%、3C 数码行业 10%～15%、办公玩具行业 7%～12%，等等。

第二种是绩效扣减法。一般情况是先定销售目标，并且给出承诺绩效额度，在完成不了额度时进行扣减。在这种方法下，销售人员会有一定的危机感，但是本身毕竟是一种负激励，对销售人员的

心理也有一定的影响。

第三种是阶梯奖励法。很多超额提成也属于这一种方法，这种方法更像是有多个提点的固定提成法。达到一定的销售额（或者某一标准）时，就采用另一种较高的提点，以达到二度激励或者三度激励的效果。

三种常见的销售员薪酬绩效方式

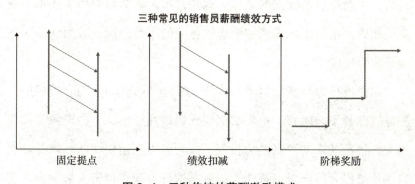

固定提点　　　　　　　绩效扣减　　　　　　　阶梯奖励

图8-4　三种传统的薪酬激励模式

这三种常见的销售薪酬激励方式都是以 KPI 指标为基础形成的三种不同的薪酬激励方式。销售员以此为浮动薪酬变动的基础，而销售团队则需要整体排序甚至强制分布，排名和个人奖金（系数）紧密挂钩，并直接影响基本工资调整和职位晋升。KPI 完成不好，不仅自己没有浮动薪酬，营销计划未达标等那些排名在后的员工，还会被绩效训诫乃至被解雇。销售人员在焦虑、恐惧的心理的驱使下，在"多卖能够暴富"的原始欲望驱动下，不择手段地完成 KPI 指标。

三、销售数据仅代表过往业绩，要为销售员未来盈利能力投资

在疯狂追逐业绩同时，形成了抢单、私单、吞单等规则之外的行为，逐渐形成了较差的文化。这是销售人员的离职率居高不下的主要原因，也是求职者闻"销售"色变的主要原因，人力资源工作也是深受其害。

在销售行为转变的当下，传统 KPI 业绩考核加上固有提成的方法显然已经不合时宜。销售数据仅代表过往业绩，人力资源工作应当为销售员的未来盈利能力投资。成为能力型销售团队，就是要在追逐业绩提升的同时追逐能力提升，这符合现在销售人员大众心理现状，也能形成优良的团队文化乃至企业文化。在这里，笔者将销售人员以培训和绩效为轴分为四象限（如图 8-5），通过人力资源的综合作用，以达到"投资"销售员的目的。

1. 自驱型。有着强烈的自我提高的动机，具备用自己的能力或成就赢得相应地位的销售人员。

2. 培训型。此类销售人员必须不间断地接受培训，培训是其能力提高的"助推器"。培训使之产生激励，并且达到能力固化。

3. 绩效型。对于绩效管理和个人能力的充分发挥成正比例关系的销售人员，应当给个人贡献和团队贡献以更多的绩效空间，同时予以辅助的绩效辅导计划、提供足够的支持来帮助此类销售人员实现目标。

4. 培训、绩效型。需要两者兼备而进行激励的销售人员。

销售员细分四类型

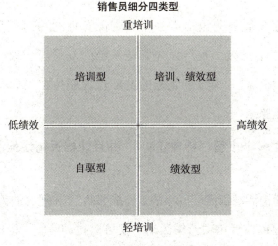

图 8-5 销售员细分四类型

四、让优秀的销售员早一步进入管理序列

其实很多所谓在基层工作了多年销售员，第一年都是积极努力的。经过几年的消极重复，工作被完全程式化，他们很少会去改变、提升自己，已经被环境完全同化了，做事已经没有了创造性。很多基层的销售员成为企业中的"隐形超人"，贡献着自己的力量，并不是因为本身不优秀，而是因为销售这一大类人员实在需要激励，并需要持续激励。持续优秀的销售人员很快成了经理、总监，甚至老板。创造了一个又一个年薪3万元到年薪300万元的佳话。因此重塑销售团队的激励，是销售导向的企业面临的最重要的问题。

1. 优化多通道晋升体系，让销售员人员感受到职位的晋升

多通道发展的建设一直是人力资源管理的热门项目，在多通道发展建设不易时，也可以先尝试基础的双通道建设。除了初中高的销售序列，一些管理职能的基础管理职位也可以适当向销售人员开放出来。

2. 建立多个小型"特种部队"，并且让优秀销售员成为小型团队领袖

很多营销活动都能形成小的"作战团队"，在现有的销售方式下，额外发起促销或者单项营销活动不仅可以拉动业绩，同时也是人才实战训练的较佳的方式。可以尝试让"特种部队"的领袖举办团队活动，找出每个人的优点，根据优点，规划合适的工作方式，增加团队的凝聚力。

3. 运用统计技术衡量每个销售员的影响

大型集团企业已经开始应用数据辅助销售。在提高潜在客户的质量、提高目标客户开发精确性、区域规划、赢利率等方面已经开始应用。除此之外，提供提高转换率策略、销售前景预测，还可以判断销售周期内各阶段哪些内容是最有效的，以及如何改进客户关系管理系统等。如果一个企业的销售数据足够充足，那么客户分析、销售行为分析、欺诈和合规、新产品与服务创新便是当今最常见的大数据销售和营销案例。

4. 发挥个人人脉优势，建立人脉销售是销售的基本思想

人脉销售本身是一种互惠互利的过程，带有一定的分享思想在里面，这也是高级管理者领导力模型多次提到的"共享思维"。优秀销售员如果最终要走向大区经理，就必然要在思维训练中潜移默化，培养领导力。

销售是企业最直接的生存命脉。在依赖销售人员个人素质的时代，KPI 业绩考核具有较高的激励性，而在商业模式瞬息万变、综合因素引导销售的今天，重塑销售激励应该是企业主一个必须进行的具有颠覆性的人力资源工作，要将它提升到战略层面、合理配置公司级资源。应尽全企业之力，触动销售团队、触变销售团队。

第三节 ┃ 海尔的组织激励

海尔三十多年的变革实践，通过不断地组织平台化建设和小微生态圈建设，初步形成了基于双价值循环的人力资本增值管理模式，构建了"贯通三环，四阶联动"对赌激励系统，简称"三环四阶"对赌激励系统。

一、海尔"三环四阶"对赌激励系统

对赌本来是指投资方与融资方在达成协议时，双方对于未来不确定情况的一种约定。海尔用这个概念来设计企业与人的对赌共享机制。

"三环四阶"对赌激励系统。"三环"是指从"生存权利""利益分享""事业成就"从低层次到高层次需求转变的全过程。"四阶"是指从小微抢单进入阶段开始，到连续快速迭代阶段、引爆目标阶段，到引领目标阶段的最终实现，整个过程覆盖，建立一体化的、有差异的薪酬水平等级。目标的实现和薪酬水平直接对应，是平台、小微和

创客不同主体之间在开始价值创造前，根据预期贡献对赌确定的。

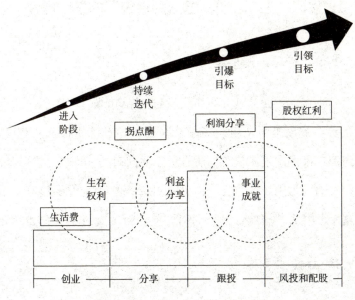

图 8-6 海尔"三环四阶"对赌激励系统

对赌激励以小微为基本单元，通过建立对赌契约承诺目标价值及分享空间。在达成对赌目标后，小微按约定分享对赌价值，并可在小微内自主分配到小微成员。当按照预单和预案的目标，实现价值创造拐点的时候，小微成员就可以分享不同拐点的薪酬。当价值创造引爆了用户需求，在行业中发展势头迅猛，实现价值创造的超额利润水平时，小微成员就可以进行超值利润分享，并且可以进行投资以拥有小微的虚拟股份，成为该项事业的主人。当小微价值创造实现行业的引领、并吸引到外部资本的风险投资时，海尔就可以根据小微的贡献，为小微成员配股，小微可以脱离海尔，成为独立公司并实现上市。

243

二、贯通"三环四阶对赌激励系统"的三个理念

1.树立"挣工资"理念

海尔强调的不是企业"发工资"，而是从市场"挣工资"的理念，改变了员工被动地听从组织安排、服从领导安排的状态，也打破了组织内部与市场的绝缘状态。所有员工面向市场，积极寻找自身价值释放的空间，为用户创造价值，价值创造得越多，报酬就越高。海尔人把这个形容为"放养野生"，只有"放养野生"，才有生命力和活力。

2.建立利益共同体

任何一个公司的发展都离不开各利益相关者的投入或参与，企业追求的是利益相关者的整体利益，而不仅仅是组织主体的利益。海尔与小微的对赌，在不同的节点设定了超利润分享的利润率，比如小微的预期利润为1000万元，超过预期利润的0~200万元，小微享受的超利润分享可能会是30%；超过200万~500万元，超利润分享可能会是40%；而超过500万~1000万元就可能会是50%。按照薪酬收入与价值创造的非线性联系，激励小微不断创造更高的价值。

3.让员工经营属于自己的事业

海尔的管理层一直在思考着这样的问题：只有让员工经营真正属于自己的事业，才能最大限度地激活个人活力。实施以"小微"

为基本运作单元的平台型组织，企业与员工不再是劳动雇佣关系，而成为市场化的资源对赌关系。从一定意义上讲，海尔对小微的对赌使得小微能够把工作当成自己的事业来做，也就是所谓的"自己的店当然自己最上心"。

与传统的激励方法相比，"三环四阶"对价值创造的不同阶段采取了有差别的激励方式组合，增加了激励性；激励反映出的是创造的价值水平，强调信息对称、即时激励和认同；它强调激励结果是自己价值创造的回报，体现的是公平性。整个对赌在不同环节和阶段的目标由被激励者自行设定，根据最优结果确定方案。

表 8-1　传统激励和"三环四阶"对赌机制的对比

传统激励方法	"三环四阶"对赌激励
一次定价，只能反映过去价值	打通三个激励环节
目标薪酬，不分等，刚性增长，长远感受不深刻	不同阶段激励效果不同，层层递进，明确
升上去降不下来，不能直接反映创造者的价值	能升能降，创造者的价值与创出的价值紧密联系
反馈不及时，滞后	及时反馈，信息对称，激励效率高
奖励的贿赂思想，雇佣双方是对立的	自我价值的实现，公平性与共赢的体现
组织驱动，指令性	自我驱动，自主管理

三、海尔对赌激励流程

目前海尔的研发、制造、工艺、销售等生产运作流程中的小微都变成了小微生态圈中的一个个节点，节点间完全市场化结算。所有小微同步面对用户需求，用户资源共享、信息共享，都要通过交互用户需求，找到一个针对用户需求的成熟解决方案。

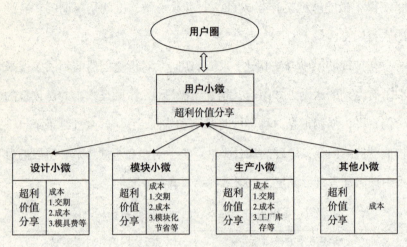

图8-7　海尔对赌激励流程

小微生态圈实现的是同一目标、同一薪源下的共创共享。小微在运营实践中不一定都是真正的注册公司，但是所有的运营流程包括组织布局、损益核算、财务核算等都是独立的运作模式。在核算损益的时候，每个小微并不融合在所在平台之中，而是在财务方面拥有一个独立的损益表，包括直接收入项、用户圈的边际收入项、支出项以及最终的结余等，都是独立核算。

小微生态圈各价值创造主体的共赢过程是，用户小微超利来自实现用户超目标利润的增值分享，其他价值创造环节小微的超利，来源于对与用户小微同一目标的超利分享解构到节点的价值贡献。

后记：塑造第二增长点

今天，当苹果、阿里巴巴、华为正春风得意，谁还记得当年柯达、诺基亚、摩托罗拉的辉煌？近十年的商业时代是人类商业历史上最富有变化的十年，甚至超越了中世纪的百年。如果去探究这十年的变化根源，有一个词是不可能逃过的，那就是"创新"。人类文明的每一次进步都是由创新带来的，发展至今，可以说都是创新的功劳。

我个人把创新分为四个类型，分别是：商业模式创新、技术创新、个人创新和组织创新。在这十年的浪潮里，四种创新都贡献着发展力量，尤其是组织创新，它在中小企业里成为核心竞争力，在大型企业则成为战略转型增长的重要利器。因为推动组织创新的 OD（组织发展）策略有三点重要的聚焦。

1. 构建差异化组织能力；

2. 围绕组织能力调整成本结构；

3. 设计二度增长的组织。

很遗憾的是，在国内 OD 发展的过程中，出现了很多思维和实践之间的矛盾，因此没有形成一个统一的声音。但这也是值得庆幸的事情，因为我们正经历一个百家争鸣、百花齐放的管理进步时代。

我把 OD 分为两大类，来试图解释当下各种声音。

1. 狭义 OD

借助系统模型、人力资源、心理学等理论及工具，帮助团体、部门，甚至企业，厘清业务方向和目标、重建团队关系、激发个体活力以及提升组织的效率、效能。

2. 广义 OD

伴随组织发展的生命周期，通过一系列的干预措施，引领战略思维、改善业务流程、优化结构，提高组织能力，运用管理权术、搭建前瞻文化，推动组织的业务、关系、人才的健康发展，达成组织使命。

我认为，无论是广义还是狭义，都是 OD。

本书并未探究 OD 的流派和思想，而是从技能角度入手，让 OD 的七项全能可以在企业职能和结构中得以实现，让作为干预策略的 OD 职能与 HR 的工作完全区别开来，HR 可以分模块，六大模块、九大模块都可以，而 OD 内部实行的是项目制，只有多项目并行的 OD 运行机制，才能成为业绩二次增长的一个重要管理系统。多项目并行的管理者，也就是 OD 的第一责任人，在有限的资源约束下，运用系统的观点、方法和理论，对项目涉及的全部工作进行有效的管理。从决策开始到项目结束的全过程进行计划、组织、指挥、协调、控制和评价，以实现 OD 各个项目的目标。

我将继续研究，把关于组织管理、组织创新的一些心得，不断地呈现出来。

白睿

图书在版编目 (CIP) 数据

改写人力资源管理：组织发展的七项全能 / 白睿著 .
—北京：中国法制出版社，2019.6
（组织发展与组织构建系列丛书）
ISBN 978-7-5216-0099-5

Ⅰ . ①改⋯　Ⅱ . ①白⋯　Ⅲ . ①企业管理－组织管理
Ⅳ . ① F272.9

中国版本图书馆 CIP 数据核字（2019）第 054360 号

策划编辑：潘孝莉
责任编辑：马春芳　　　　　　　　　　　　　　封面设计：汪要军

改写人力资源管理：组织发展的七项全能
GAIXIE RENLI ZIYUAN GUANLI: ZUZHI FAZHAN DE QIXIANG QUANNENG

著者 / 白睿
经销 / 新华书店
印刷 / 三河市国英印务有限公司
开本 / 710 毫米 × 1000 毫米　16 开　　　　　印张 / 16.25　字数 / 173 千
版次 / 2019 年 6 月第 1 版　　　　　　　　　　2019 年 6 月第 1 次印刷

中国法制出版社出版
书号 ISBN 978-7-5216-0099-5　　　　　　　　　定价：59.00 元

北京西单横二条 2 号　邮政编码 100031　　　　　传真：010-66031119
网址：http://www.zgfzs.com　　　　　　　　　　编辑部电话：010-66060794
市场营销部电话：010-66033393　　　　　　　　邮购部电话：010-66033288
（如有印装质量问题，请与本社印务部联系调换。电话：010-66032926）